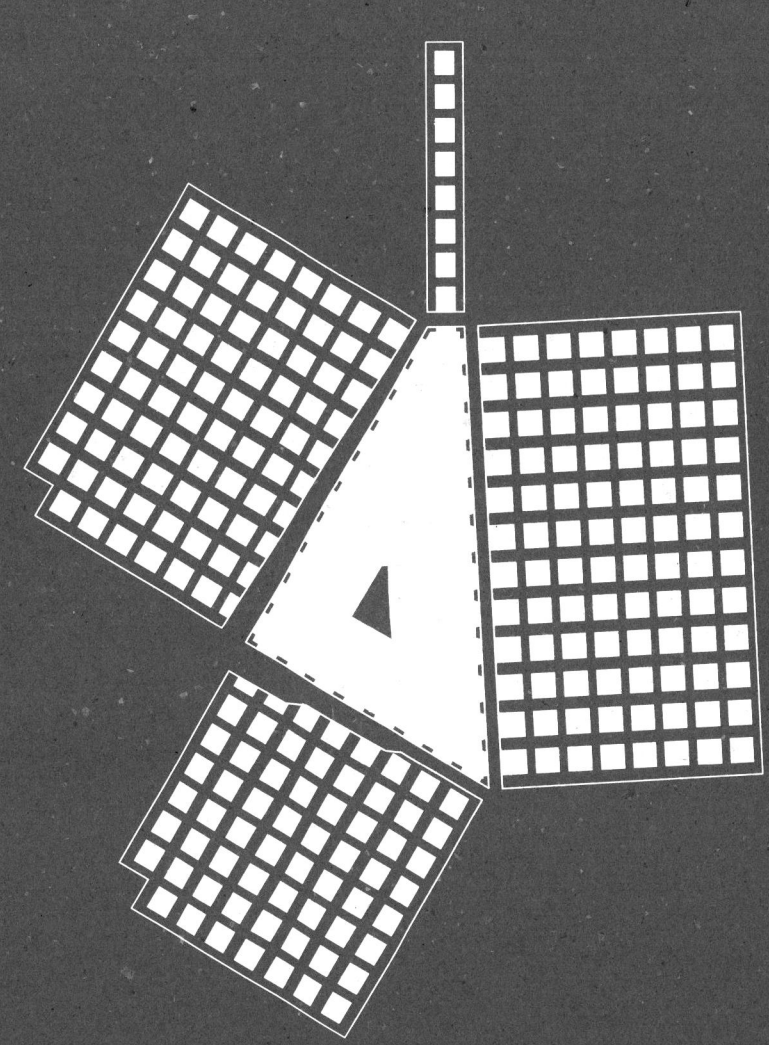

NOT ADDED BY
UNIVERSITY OF MICHIGAN LIBRARY

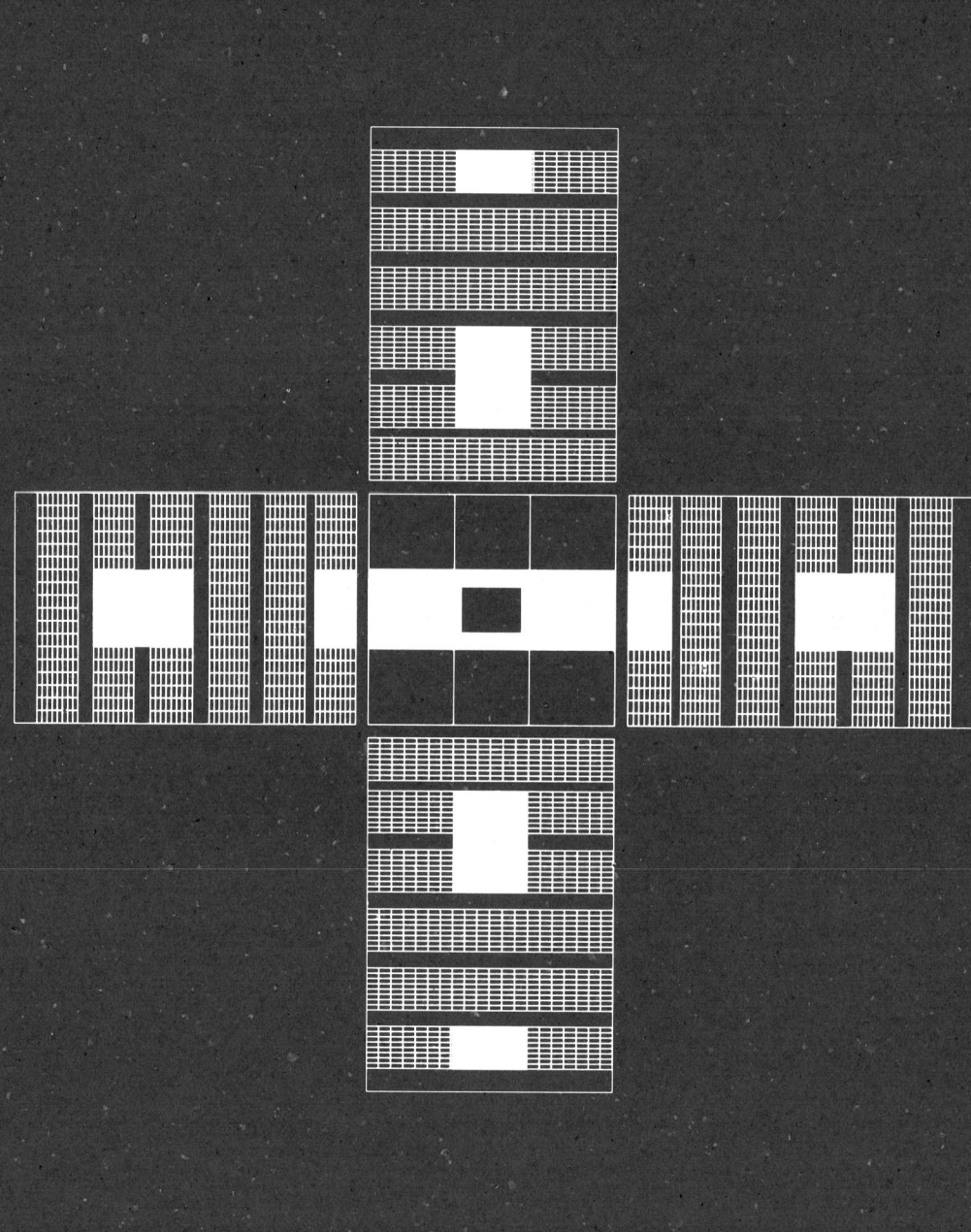

À Maïa, Giulio et Leandro :
"Si tu construis un mur, pense à ce que tu laisses dehors !"
ITALO CALVINO, *LE BARON PERCHÉ*, GALLIMARD

To Maïa, Giulio and Leandro:
"When you build a wall, think about what remains outside!"
ITALO CALVINO, *THE BARON IN THE TREES*, HARCOURT BRACE JOVANOVICH

LAN 29 PROJECTS

 PARK BOOKS

Index

Introduction	6
Projets / Projects	16
Rome	18
Leipzig	28
Paris XII	36
Bordeaux Mareyeurs	48
Charleroi	56
Ljubljana	64
Bordeaux Amédée	72
Paris XIII	90
Nanterre La Défense	98
Paris XI	108
Strasbourg Saint-Urbain	118
Saclay	132
Rennes	144
Strasbourg Maillon	156
Grand Palais	172
Nanterre	182
Nantes	196
Beyrouth	214

Saint-Jacques-de-la-Lande	222
Lille	234
Paris XVII	246
Paris V	256
Lormont	262
Bègles	276
Hambourg	286
Chelles	298
Paris XVIII	308
Paris XX	318
Bure	328
Index raisonné / Reasoned index	342
L'agence / The firm	352

INTRODUCTION

INTRODUCTION
L'architecture est l'art d'habiter le temps

[1] — BAUDRILLARD, JEAN, NOUVEL, JEAN, « LES OBJETS SINGULIERS », CALMAN-LÉVY, 2000

Depuis la fin du XXᵉ siècle, notre rapport au temps s'est brouillé, et nos conceptions de l'architecture avec. Dans ses entretiens avec Jean Nouvel, Jean Baudrillard disait en 2000 : « l'architecture est un mélange de nostalgie et d'anticipation extrême »[1]. Une définition contradictoire, qui met l'architecture en doute ; qui met curieusement aussi l'architecture en phase avec le siècle à venir.

Le XXIᵉ siècle, en effet, qui commencera véritablement le 11 septembre de l'année suivante, s'est affirmé comme le siècle de l'incertitude et de la complexité.

Cela pose question à l'architecture, discipline de projet, de projection, discipline temporelle et narrative. Comment se projeter, en effet, dans un futur devenu imprévisible ? Comment repenser, aujourd'hui, notre rapport au temps et à la vérité ? Comment penser le doute ? Comment le construire ?

Entre crises des subprimes, tsunamis, incendies géants, épidémies… le début de ce siècle déplace les enjeux sociétaux, environnementaux et donc ceux de l'architecture. Symbole de stabilité et de permanence, l'art d'édifier doit désormais composer avec un futur imprévisible. Cette prise de conscience a marqué la fin d'une conception homogène et statique de l'édifice, et l'ouverture à la construction de formes en perpétuel mouvement.

INTRODUCTION

Architecture is the art of living in time

[1] BAUDRILLARD, JEAN, NOUVEL, JEAN, « LES OBJETS SINGULIERS », CALMAN-LÉVY, 2000

Since the end of the 20th century, our relationship with time has become blurred, and so have our conceptions of architecture. In his conversations with Jean Nouvel in 2000, Jean Baudrillard said: "Architecture is a mixture of nostalgia and extreme anticipation"[1]. A contradictory definition that questions architecture and curiously puts it in line with the coming century.

The 21st century, which truly began on September 11th of the following year, has emerged as the century of uncertainty and complexity. This raises questions for architecture, a discipline of project, projection, of time and of narrative.

How can we project ourselves into an unpredictable future? How can we rethink our relationship with time and truth today? How can we think about doubt? How can we construct it?

Between subprime crises, tsunamis, giant fires, epidemics... the beginning of this century has intensified societal and environmental issues, and therefore architectural ones. A symbol of stability and permanence, the art of building must now deal with an unpredictable future.

This awareness marked the end of a homogeneous and static conception of the building, and the beginning of the construction of forms in perpetual motion.

2 — BRAND, STEWART, « HOW BUILDINGS LEARN : WHAT HAPPENS AFTER THEY'RE BUILT », PENGUIN BOOKS, 1995

3 — DANS LES ANNÉES 1970, DUFFY PORTE SES RECHERCHES VERS L'ANALYSE DES BÂTIMENTS ET DES COMPOSANTS DU BÂTIMENT EN TERMES DE COUCHES DE LONGÉVITÉ POUR FACILITER L'ADAPTATION AUX CHANGEMENTS TECHNOLOGIQUES ET ORGANISATIONNELS. IL EST L'UN DES PIONNIERS À INTRODUIRE CES NOTIONS EN EUROPE À PARTIR DE SES ÉTUDES SUR L'OFFICE LANDSCAPING AUX ÉTATS-UNIS. PLUS TARD, STEWART BRAND ÉTENDRA SON APPROCHE À TOUTE PRODUCTION ARCHITECTURALE.

« Tous les édifices sont des prédictions. Toutes les prédictions sont fausses ».[2] Les mots que Stewart Brand livrait en 1995 illustrent peut-être au mieux notre approche de l'acte construit et la capacité de l'architecture à durer dans le temps. L'argument de Brand se nomme le « Shearing Layers », une théorie de l'effeuillage technique qui veut que tout bâtiment soit composé d'une superposition de strates, qui varient à des rythmes différents. Empruntant le concept à l'architecte et historien britannique Frank Duffy[3], il nomme les « Six S » les six temporalités fondamentales de l'édifice : Site, Structure, Skin, Services, Space plan, Stuff. La première strate, le site, convoque le temps long, celui de l'édification des villes, celui de la géologie aussi. La structure, ensuite, a une durée de vie plus courte, de l'ordre du siècle. L'enveloppe change, quant à elle, tous les 15 à 20 ans et les fluides tous les 7 à 15 ans. L'aménagement intérieur, le cloisonnement et les circulations évoluent tous les deux ou trois ans et, enfin, le layer le plus intérieur, celui de l'ameublement et de la décoration, change continuellement. Construire une pensée écologique implique un saut qui va de la géologie à la chaise, et demande d'anticiper la désynchronisation de tous les éléments qui font, ensemble, l'architecture et la ville. Cette dissociation des cycles de vie de l'édifice, la prise de conscience de son obsolescence différenciée, permettent d'envisager sa révision, et donc sa durabilité.

2 — BRAND, STEWART, "HOW BUILDINGS LEARN : WHAT HAPPENS AFTER THEY'RE BUILT", PENGUIN BOOKS, 1995

3 — IN THE 1970S, DUFFY TURNED HIS RESEARCH TO ANALYSING BUILDINGS AND BUILDING COMPONENTS IN TERMS OF LAYERS OF LONGEVITY TO FACILITATE ADAPTATION TO TECHNOLOGICAL AND ORGANIZATIONAL CHANGE. HE WAS ONE OF THE PIONEERS IN INTRODUCING THESE CONCEPTS TO EUROPE FROM HIS STUDIES ON OFFICE LANDSCAPING IN THE UNITED STATES. LATER, STEWART BRAND EXTENDED HIS APPROACH TO ALL ARCHITECTURAL PRODUCTION.

"All buildings are predictions. All predictions are false"[2]. The words of Stewart Brand in 1995 may best illustrate our approach to the act of construction and the ability of architecture to last over time. Brand's argument is called "Shearing Layers", a theory of technical peeling that suggests that every building is composed of a superposition of layers that vary at different rates. Borrowing the concept from British architect and historian Frank Duffy[3], he names the "Six S" the six fundamental temporalities of the building: Site, Structure, Skin, Services, Space plan, Stuff.

The first layer, the site, invokes the long term, that of the building of cities, and that of geology. Therefore, a structure, has a lifespan of about a century. The envelope changes every 15 to 20 years, and the fluids every 7 to 15 years. The interior design, partitions, and circulation evolve every two or three years, and finally the most interior layer, that of furniture and decoration, changes continuously.

Building an ecological thought involves a leap from geology to the chair, and requires anticipating the desynchronization of all the elements that make up architecture and the city. This dissociation of the building's life cycles, the awareness of its differentiated obsolescence, makes it possible to consider its revision, and therefore its durability.

La seule prédiction qui soit juste est désormais celle qui est révisable. Ce paradoxe s'applique aujourd'hui à l'architecture, activité qui tiendra bientôt davantage en la transformation des bâtis existants qu'en la construction de nouveaux édifices.

Nous avons appris à tenir compte de cette superposition des temps dans la conception, en essayant de transformer les contraintes de chaque partie en atouts. Chacun de nos bâtiments ou de nos livres peut se raconter comme une tentative de répondre à ce paradoxe : la compacité variable dans le projet des logements à Bègles, le climat intermédiaire gratuit dans le projet du théâtre du Maillon, la reconfigurabilité dans le projet de Saussure, l'hybridation nature - artefact dans l'îlot des Mareyeurs à Bordeaux, l'héliotropisme volumétrique à Nantes, l'entre-deux habité à Lormont, la densité acceptable dans l'exposition Haussmann, la zone de confort dans le livre Traces, etc… Dans toutes ces expériences, nous avons appris à lutter contre le dogmatisme, pour une ouverture complète à l'inconnu. Innover c'est prendre des risques et accepter les erreurs. Cette pensée d'une organisation cyclique de l'architecture naturalise l'édifice, et replace l'art de bâtir dans les temps humains : le quotidien, l'hebdomadaire, le saisonnier, le générationnel, le généalogique…

Si la conception durable de l'architecture s'appuie sur une dissociation des temps de l'édifice, que ces temps soient techniques, sociaux, politiques ou naturels, l'habitabilité du durable procède elle à la réunification de ces temps dans l'expérience. Le concevoir, comme préfiguration de l'architecture, procède de la distinction de ses éléments comme d'une mécanique, quand l'habiter réassemble le tout, reconfigure l'architecture dans l'unité du lieu.

The only prediction that is now accurate is the one that is revisable. This paradox applies today to architecture, an activity that will soon be based more on the transformation of existing buildings than on the construction of new ones.
We have learned to account for this superposition of time in our designs, trying to turn the constraints of each part into assets. Each of our buildings or books can be understood as an attempt to respond to this paradox: variable compactness in the housing project in Bègles, free intermediate climate in the project of the Maillon theater, reconfigurability in the Saussure project, natural-artificial hybridization in the Îlot Mareyeurs in Bordeaux, volumetric heliotropism in Nantes, inhabited in-between in Lormont, acceptable density in the Haussmann exhibition, comfort zone in the book Traces, etc... In all these experiences, we have learned to fight dogmatism, for complete openness to the unknown. Innovation is about taking risks and accepting mistakes. This idea of a cyclical organization of architecture naturalizes the building, and places the art of building in human times: the daily, the weekly, the seasonal, the generational, the genealogical...
If sustainable design in architecture is based on a dissociation of the building's times, whether they be technical, social, political or natural, the habitability of sustainability proceeds with the reunification of these times in experience. The act of designing, as a prefiguration of architecture, proceeds from the distinction of its elements as a mechanism, while inhabiting, reassembling the whole, reconfigures architecture in the unity of place.

Toute expérience architecturale relie l'instant de l'action aux multiples autres temps : temps de l'édification, temps de la stratification de la ville, temps géologique du site, temps personnel du souvenir aussi… dans un entrelacement des échelles temporelles.
À travers nos projets, nous essayons de montrer que la durabilité représente bien plus qu'un objectif écologique ou qu'une performance, mais une expérience existentielle. L'architecture concrétise la durabilité de l'existence, l'étire et la replie et l'étire encore.
L'art de bâtir est un art d'habiter.
Habiter le temps naturel : contempler paisiblement une ligne d'horizon intemporelle, réfléchir au parcours millénaire d'un galet de granit sur la plage, voir chaque année le littoral reculer. Habiter le temps culturel c'est prendre le métro, passer le matin devant les vestiges de la Bastille, s'étonner du parfait alignement des façades le long d'un boulevard Haussmannien, se promener dans un parc qui autrefois était une carrière. Habiter le temps poétique c'est l'ombre dilatée des feuillages sur le mur en brique dans la lumière orangée d'un soir d'été, la main qui effleure la pierre posée là par un autre il y a 800 ans, un souvenir d'enfance qui ressurgit à l'orage quand une pluie lourde rebondit sur la fenêtre de toit.

L'architecture est l'art d'habiter le temps.

Every architectural experience connects the moment of action to multiple other times: the time of construction, the time of the stratification of the city, the geological time of the site, the personal time of memory as well... in an intertwining of temporal scales.
Through our projects, we try to show that sustainability represents much more than an ecological objective or a performance, but an existential experience. Architecture materializes the sustainability of existence, stretching it and folding it and stretching it again.
The art of building is an art of inhabiting.
Living in natural time: peacefully contemplating a timeless horizon, reflecting on the thousand-year journey of a granite pebble on the beach, watching the coastline recede every year. Living in cultural time means taking the metro, passing in the morning in front of the remains of the Bastille, being astonished by the perfect alignment of facades along a Haussmannian boulevard, walking in a park that was once a quarry. Living poetic time is the expanded shadow of foliage on the brick wall in the orange light of a summer evening, the hand that brushes the stone laid there by someone else 800 years ago, a childhood memory that resurfaces in a thunderstorm when a heavy rain bounces off the roof window.

Architecture is the art of living in time.

PROJETS

PROJECTS

PROJET
Rome
Grande MAXXI : bâtiment multifonctionnel et espace public

PROJECT
Rome
Grande MAXXI: multifunctional building and public space

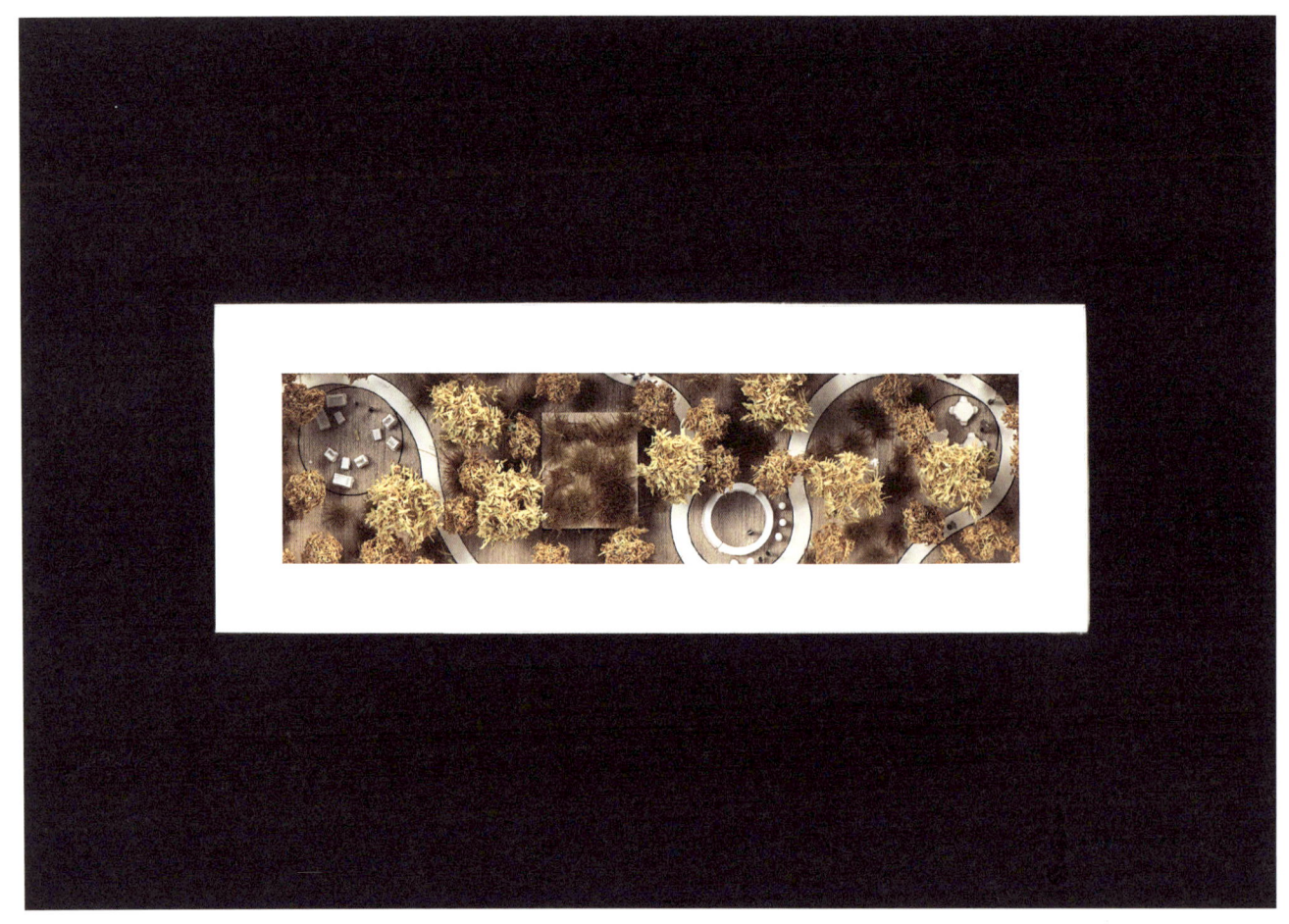

18

SUSPENSUS HORTUS CONCLUSUS

Le Grande MAXXI appartient à une nouvelle génération d'architectures hybrides.
Outre le fait de réunir dans le même lieu les archives, les espaces d'exposition, les laboratoires et les espaces pédagogiques, le projet propose une expérience inédite du point de vue sensoriel et climatique. Entre nature et artifice, le jardin sur le toit complète le process de déminéralisation des espaces publics du musée, et offre un nouveau panorama sur la capitale.

SUSPENSUS HORTUS CONCLUSUS

The Grande MAXXI belongs to a new generation of hybrid architecture.
In addition to bringing together in the same place the archives, the exhibition spaces, the laboratories and the educational spaces, the project offers an unprecedented experience from a sensory and climatic point of view. Between nature and artefact, the roof garden completes the process of demineralization of the museum's public spaces and offers a new panorama of the capital.

CLIENT
FONDAZIONE MAXXI
BUDGET
14,2 M€ HT
SURFACE / AREA
3 670 M² BÂTIMENT / BUILDING
5 080 M² AMÉNAGEMENT EXTÉRIEUR / EXTERIOR DESIGN
CALENDRIER / CALENDAR
2022-2026
EN COURS / ONGOING

ARCHITECTURE HYBRIDE – Le projet se fonde sur une analyse approfondie de l'espace urbain dans lequel il s'inscrit : un site consacré à la modernité architecturale, proche du Tibre, dans la vaste plaine qui s'étend sous les pentes du Monte Mario à Rome. Malgré sa centralité, c'est une zone en plein développement, dans laquelle le projet devient une occasion pour affirmer l'identité de l'ensemble du MAXXI.
L'opération prévoit la création et l'intersection de deux systèmes : l'implantation d'un nouveau bâtiment multifonctionnel dédié à la recherche et à la culture et la création d'un parc urbain linéaire, un système paysager vert qui servira de « conteneur » au nouveau bâtiment et aux autres architectures préexistantes.

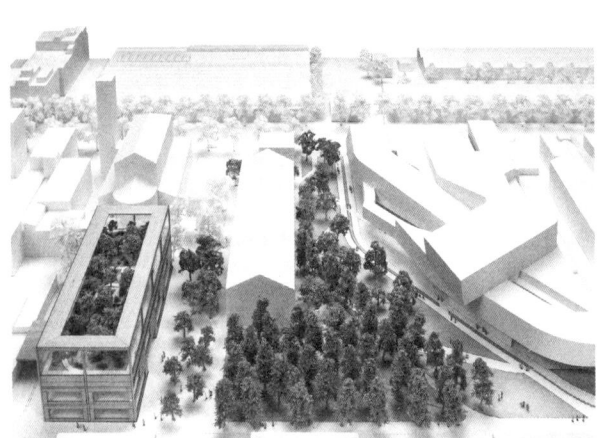

BÂTIMENT MULTIFONCTIONNEL – Le contexte urbain et ses typologies architecturales révèlent des motifs qui peuvent être ramenés à des formes orthogonales et à des volumes simples à différentes échelles : ils fournissent des alignements précis et incisifs, révélateurs pour formuler le tracé du nouveau bâtiment. Il s'agit d'une architecture silencieuse, qui « sculpte » son propre espace à côté des autres, réinterprétant leurs schémas formels et leurs valeurs existantes de manière contemporaine.
Les laboratoires de restauration, de recherche technologique et numérique, les archives d'art, d'architecture et de photographie et les salles d'enseignement sont répartis entre le rez-de-chaussée et les deux niveaux supérieurs, tandis que la toiture abrite un grand jardin botanique suspendu. Le jardin est bordé d'un compluvium réfléchissant, recouvert dans ses couches internes d'un matériau miroir qui, comme une métaphore d'un nouveau kaléidoscope, reproduit la magie et multiplie à l'infini les images de la végétation et des saisons. La structure porteuse est constituée de systèmes modulaires de poteaux et de poutres en béton armé, tandis que la façade est rythmée par des panneaux préfabriqués en béton poli teinté en rose.

PARC URBAIN – La réintroduction d'espaces verts dans les zones urbaines est aujourd'hui indispensable pour réguler le microclimat, réduire les températures et la pollution atmosphérique. Selon ce principe, l'approche paysagère adoptée pour concevoir le parc procède en termes de croissance et de transformation, plutôt que de simple construction. Le MAXXI se caractérise par la prépondérance des zones cimentées : de grandes surfaces imperméables qui empêchent et ralentissent le processus naturel d'infiltration des eaux météoriques et, par conséquent, l'évaporation et la transpiration des plantes, minimisant ainsi le confort thermique des espaces ouverts, surtout pendant la période estivale.
Afin d'améliorer le confort climatique et d'abaisser les températures perçues, la première intervention (tant sur la place devant le nouveau bâtiment que dans la zone située derrière le bâtiment du MAXXI) consiste à réduire les surfaces minérales en faveur de surfaces vertes perméables, créant ainsi un nouveau paysage vert luxuriant au sein de la ville. Une fois définie la structure du parc, qui conserve les intentions de Zaha Hadid avec sa configuration en bandes parallèles, un archipel d'activités peut y être inséré pour activer les différentes figures du paysage.

ARCHITECTE / ARCHITECT
LAN ARCHITECTURE
ARCHITECTE CO-TRAITANT / CO-CONTRACTING ARCHITECT
SCAPE ARCHITECTURE SNA
STRUCTURE / STRUCTURE
BOLLINGER + GROHMANN
HQE / HEQ
FRANCK BOUTTÉ
PAYSAGE / LANDSCAPE
BAS SMETS
AGRONOMIE / AGRONOMY
FOLIA CONSULTENZE
FLUIDES / M.E.P
ESA

HYBRID ARCHITECTURE – The project is based on an in-depth analysis of the urban space in which it is located: a site dedicated to architectural modernity, close to the Tiber, in the vast plain that stretches out beneath the slopes of Monte Mario in Rome. Despite its centrality, it is an area in full development, in which the project becomes an opportunity to assert the identity of the MAXXI complex.
The operation foresees the creation and intersection of two systems: the implementation of a new multifunctional building dedicated to research and culture and the creation of a linear urban park, a green landscape system that will serve as a "container" for the new building and the other pre-existing architecture.

MULTIFUNCTIONAL BUILDING – The urban context and its architectural typologies reveal patterns that can be reduced to orthogonal forms and simple volumes at different scales: they provide precise and incisive alignments, revealing to formulate the layout of the new building. It is a silent architecture, which 'sculpts' its own space alongside others, reinterpreting their existing formal patterns and values in a contemporary way.
The restoration, technological and digital research laboratories, the art, architecture and photography archives and the teaching rooms are distributed between the ground floor and the two upper levels, while the roof houses a large hanging botanical garden.

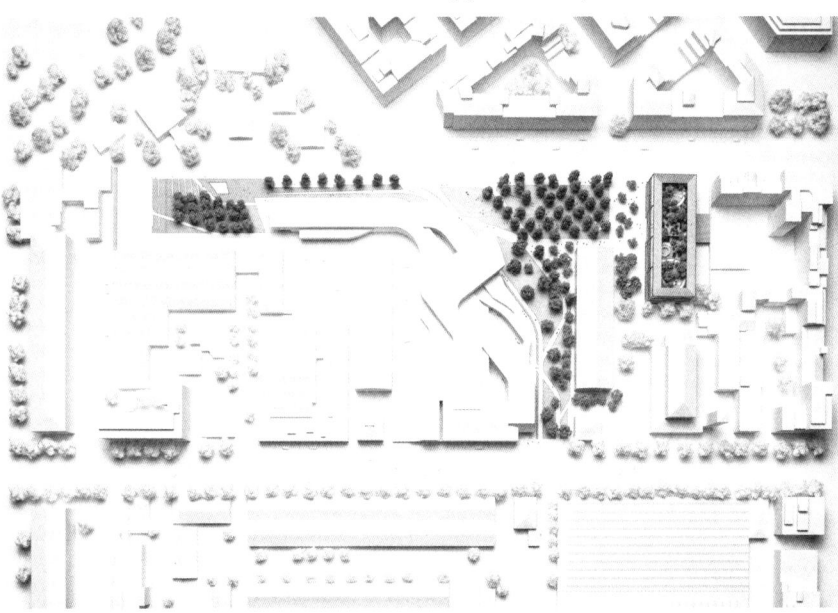

The garden is bordered by a reflective compluvium, covered in its internal layers with a mirror material which, like a metaphor for a new kaleidoscope, reproduces the magic and infinite multiplication of images of vegetation and seasons. The load-bearing structure is made up of modular systems of reinforced concrete pillars and beams, while the facade is punctuated by prefabricated panels in polished pink concrete.

URBAN PARK – The reintroduction of green spaces in urban areas is nowadays essential to regulate the microclimate, reduce temperatures and air pollution.
In line with this principle, the landscape approach to designing the park is one of growth and transformation, rather than simple construction. MAXXI is characterized by the preponderance of cemented areas : large impermeable surfaces that prevent and slow down the natural process of infiltration of meteoric water and, consequently, the evaporation and transpiration of plants, thus minimizing the thermal comfort of the open spaces, especially during the summer period.
In order to improve climatic comfort and lower perceived temperatures, the first intervention (both in the square in front of the new building and in the area behind the MAXXI) is to reduce mineral surfaces in favor of permeable green surfaces, creating a new lush green landscape within the city. Once the structure of the park, which retains Zaha Hadid's intentions with its parallel strip configuration, has been defined, an archipelago of activities can be inserted to activate the various landscape figures.

Entrée du bâtiment
Building entrance

Jardin en toiture
Roof garden

27

Hall d'entrée à triple hauteur
Triple-height hall

PROJET
Leipzig
École élémentaire

PROJECT
Leipzig
Elementary school

28

ESPACES PÉDAGOGIQUES

Le projet pour l'école élémentaire de Leipzig a pour ambition de traduire en espace une nouvelle approche pédagogique. En dépit de sa compacité et de son caractère unitaire, le bâtiment est en réalité une somme de micro-architectures : quatre petites écoles (clusters) partagent les espaces et les services communs et remodulent de manière régulière ces grandes structures hyper-flexibles.

EDUCATIONAL SPACES

The project for the elementary school in Leipzig aims to translate a new pedagogical approach into space. Despite its compactness and unity, the building is a sum of micro-architectures: four small schools (clusters) that share common spaces and services and regularly remodulate these large, hyper-flexible structures.

CLIENT
LESG
BUDGET
17,5 M€ HT
SURFACE/AREA
7 481 M²
CALENDRIER/CALENDAR
2022-2026
EN COURS/ONGOING

LIMITE ET FILTRE — Le projet s'inscrit dans une logique qui considère le site au-delà des limites parcellaires de l'intervention. Sa volumétrie et son langage architectural unitaires confèrent au bâtiment le rôle de pivot central, à l'articulation d'un quartier inscrit dans un tissu urbain marqué par son hétérogénéité.

L'implantation du bâtiment est dictée par la continuité avec l'alignement urbain existant et futur, puisque la façade principale rue Hans-Beimler prolonge le front bâti des immeubles voisins existants et projetés. Le projet se développe exclusivement en partie sud-ouest de la parcelle, afin de libérer le reste du site de toute construction.

La volumétrie compacte et unitaire du bâtiment tend à renforcer la limite sur rue de l'emprise de l'école, afin de préserver un cœur vert protégé, mais visible, s'inscrivant en continuité avec le tissu des jardins alentours. Ainsi, la volumétrie définit une frontière claire mais poreuse entre l'espace public de la ville et celui plus intime des espaces extérieurs de l'école.

La compacité et la linéarité du bâtiment sont séquencées dans la hauteur par des toitures à des altimétries différentes, et dans l'épaisseur par de larges cours végétalisées. Ce travail permet une lecture unitaire du bâtiment, tout en retranscrivant par son épannelage sa répartition programmatique intérieure. Les généreux patios le ponctuant lui offrent de grandes qualités spatiales intérieures, éclairant naturellement aussi bien les espaces de travail que les zones de circulation. Ces grandes cours participent au langage de limite et de filtre à partir duquel s'écrit le projet. De ces intériorités végétales naissent des frontières physiques, mais des filtres visuels poreux, entre les entités programmatiques qui s'articulent autour d'elles.

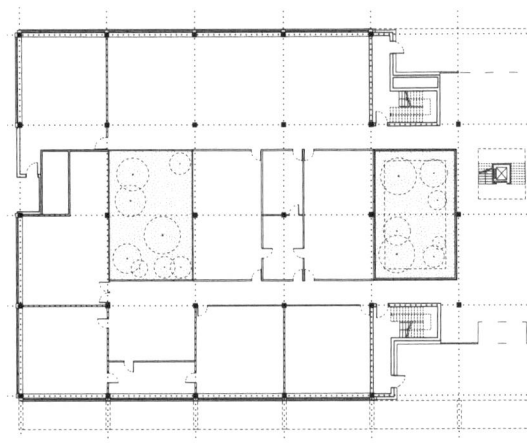

Cette expression de la limite et du filtre se retrouve dans le langage architectural du bâtiment tout entier. La volonté de ne pas considérer l'école comme un univers hermétique et fermé mais ouvert sur la ville et, dans des temporalités différentes, aux gens qui y sont extérieurs, est matérialisée par la création d'un large porche d'entrée, dont on retrouve le pendant côté cour. Ces préaux rendent poreuses la façade bâtie et s'ouvrent sur le foyer de l'école, espace large, lumineux et central, à l'intersection de tous les programmes. Les larges façades vitrées permettent quant à elles d'ouvrir l'école sur son environnement et de donner à voir les programmes intérieurs qui l'animent, tandis que les auvents en façade sud-ouest, les rideaux sur l'ensemble du bâtiment, et le filtre végétal que constituent les arbres existants modulent cette porosité.

Le rez-de-chaussée accueille l'ensemble des programmes communs et potentiellement ouverts à la ville : bibliothèque, ateliers, garderie, salle de musique, cantine, salle polyvalente et gymnase. À la fois directement accessibles depuis le foyer et orientés le long de la façade principale, leur position permet d'envisager des accès secondaires en-dehors des heures d'ouverture de l'école.

Dans les étages supérieurs, la simplicité du plan des clusters répété à l'identique sur deux niveaux permet une organisation claire et fonctionnelle de l'école. Un forum central commun constitue le cœur de chaque cluster. Espace à seuils multiples sur lequel s'ouvrent toutes les salles de cours et de travail en groupe, il encourage les échanges entre élèves et avec le personnel pédagogique. Doublement orienté, il bénéficie à la fois d'une grande luminosité apportée par le patio, et d'une terrasse orientée vers la cour de récréation.

La trame structurelle régulière du bâtiment offre une grande flexibilité dans les usages intérieurs de l'école et dans ses potentielles transformations futures.

Plan RDC
Ground floor plan

ARCHITECTE / ARCHITECT
LAN ARCHITECTURE
ARCHITECTE CO-TRAITANT
/ CO-CONTRACTING ARCHITECT
IRLENBUSCH VON HANTELMANN
STRUCTURE / STRUCTURE
IGS INGENIEURE
FINCK BILLEN INGENIEURE
PAYSAGE / LANDSCAPE
ALKEWITZ LANDSCHAFTSARCHITEKTEN
FLUIDES / M.E.P
SEHLHOFF
IPROPLAN
THERMIQUE ET ACOUSTIQUE /
THERMICS AND ACOUSTICS
GRANER INGENIEURE
SÉCURITÉ INCENDIE / FIRE SAFETY
BRANDSCHUTZBÜRO DR.-ING. RÖNN

LIMIT AND FILTER – The logic of this project takes into consideration the site beyond the parcel limits of the intervention. Its unified volumetry and architectural language give the building the role of a central pivot, at the articulation of a neighborhood in an urban fabric marked by its heterogeneity.

The siting of the building is dictated by continuity with the existing and future urban alignment, since the main facade on Hans-Beimler Street extends the building frontage of the existing and planned neighboring buildings. The project is developed exclusively in the south-western part of the plot, in order to free the rest of the site from any construction. The compact and unitary volumetry of the building tends to reinforce the street boundary of the school's right of way, in order to preserve a protected but visible green heart, in continuity with the surrounding garden fabric. Thus, the volumetry defines a clear but porous boundary between the public space of the city and the more intimate outdoor space of the school.

The compactness and linearity of the building are sequenced in height by roofs at different altitudes, and in thickness by large green courtyards. This work allows a unitary reading of the building, while transcribing its interior programmatic distribution through its block plan. The generous courtyards punctuating the building provide it with great interior spatial qualities, naturally illuminating both its work spaces and its circulation areas. These large courtyards contribute to the language of limits and filters with which the project is written.

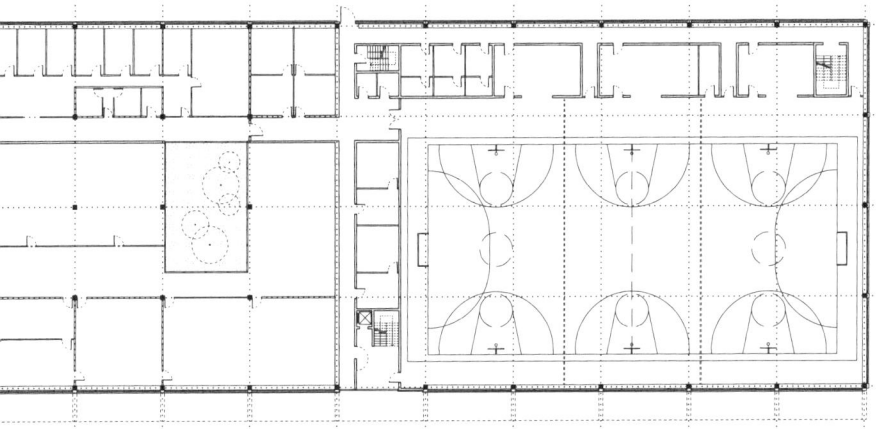

From these vegetal interiorities, physical boundaries are created, but also porous visual filters, between the programmatic entities that are articulated around them. This expression of the limit and filter is found in the architectural language of the entire building. The desire not to consider the school as a hermetic and closed universe but rather open to the city and, in different temporalities, to people outside it, is materialized by the creation of a large glazed porch, the counterpart of which can be found on the courtyard side. These porches make the built facade porous, initiate the entrance to the building, and finally open onto the school foyer, a large, luminous and central space, at the intersection of all the programs. The large glazed surfaces open the school to its environment and show the interior programs that animate it, while the awnings on the south-west facade, the curtains on the whole building, and the vegetal filter constituted by the existing trees modulate this porosity.

The ground floor houses all the common programs that are potentially open to the city: library, workshops, daycare, music room, canteen, multi-purpose room and gymnasium. Both directly accessible from the foyer and oriented along the main facade, their position allows for secondary access outside of school hours.

On the upper floors, the simplicity of the cluster plan repeated identically on two levels allows for a clear and functional organization of the school. A common central forum forms the heart of each cluster. A multi-threshold space onto which all the classrooms and group work rooms open, it encourages exchanges between students and with the teaching staff. Double oriented, it benefits from the great luminosity provided by the patio, and from a terrace facing the playground.

The regular structural framework of the building offers great flexibility in the interior uses of the school and in its potential future transformations.

Une des quatre cours intérieures plantées
One of the four green courts

Cour de l'école
Schoolyard

PROJET
Paris XII
Rénovation de la tour Natixis

PROJECT
Paris XII
Renovation of the Natixis tower

Maquette du projet exposée au Pavillon de l'Arsenal à Paris,
dans le cadre de l'exposition « Conserver Adapter Transmettre ».
Model of the project exhibited at the Pavillon de l'Arsenal in Paris,
as part of the "Conserver Adapter Transmettre" exhibition.

NATURE ET CLIMAT

La restructuration et la transformation de la tour Natixis commencent avec le dessin d'un bow-window, capable, avec le minimum de protection solaire, de répondre aux enjeux climatiques et énergétiques tout en bénéficiant au maximum des vues sur Paris. Grâce à l'épaississement de la façade et au gain de surface, le projet propose de réintroduire la nature dans un lieu trop minéral.

NATURE AND CLIMATE

The restructuring and transformation of the Natixis tower begins with the design of a bow-window, capable of responding to climate and energy challenges with minimal solar protection while benefiting from maximum views of Paris. Thanks to the thickening of the facade and the gain in surface area, the project proposes to reintroduce nature into a too mineral place.

CLIENT
SOCIÉTÉ FONCIÈRE LYONNAISE
BUDGET
78 M€ HT
SURFACE/AREA
25 693 M²
CALENDRIER/CALENDAR
2021-2026
EN COURS/ONGOING

RÉNOVATION DE LA TOUR NATIXIS — La tour Rive de Seine se situe le long de la Seine à l'angle entre le Quai de la Rapée et la rue Van Gogh, entre la Gare de Lyon et la Gare d'Austerlitz. La transformation de cet édifice de bureaux n'est pas seulement la redéfinition d'un landmark, mais la possibilité de reconstituer, raccrocher un morceau perdu à sa ville. La réhabilitation et mutation de l'existant, outre leur évident intérêt écologique et environnemental, sont des expériences fertiles à l'innovation, de véritables aventures créatives où le projet d'architecture se construit par des étapes non-linéaires.

Pour répondre aux différents enjeux, le processus de projet doit sortir du récit des échelles en entonnoir - qui penserait d'abord le territoire ou la ville pour arriver par étapes linéaires au bâtiment, à la fenêtre, au détail – pour adopter une stratégie d'adaptation hyper-réactive, totalement ouverte à la découverte et aux opportunités du déjà-là. Comme dit précédemment, le projet se raconte par une stratégie de causes et effets. L'histoire commence par deux explorations parallèles : celle d'une solution de façade et celle d'un système distributif optimal. Ces deux recherches ont engendré une succession d'actions et de réactions dont l'impact dépasse le problème spécifique et s'inscrit dans l'approche urbaine, environnementale et fonctionnelle.

La façade, la surface, l'espace libre et les jardins :
Comment, avec le minimum de protection solaire, répondre aux enjeux climatiques et énergétiques, tout en bénéficiant au maximum des vues sur Paris ? La résolution de cette première problématique a été apportée par un élément nouveau : le bow-window. Celui-ci permet de combiner orientations et vues, protection et luminosité. Le bow-window, par l'épaississement de la nouvelle façade, a aussi engendré un gain de surface ; et ce gain de superficie, associé à la réduction des locaux techniques, nous a ouvert

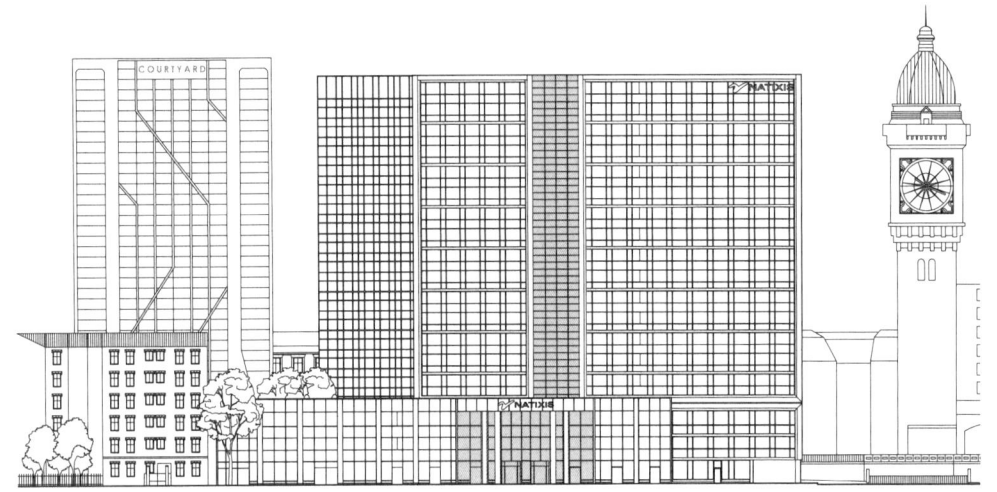

à la possibilité de reconfigurer complètement les premiers niveaux du bâtiment. Action – Réaction. Résultat : pour une surface équivalente, plus d'espace libre, plus de lumière, plus de qualité. Deux nouveaux jardins ont pris la place de l'ancien parvis et de l'ancien socle : sur le quai et dans le cœur d'îlot, ils rentrent en résonance avec les espaces environnants.

Désormais ouvert sur la ville, l'îlot gagne en urbanité. L'immeuble de logement voisin, vestige de l'urbanisation précédente, se désenclave et s'ouvre sur un espace vert. La liaison entre les gares de Lyon et d'Austerlitz s'enrichit d'un nouvel espace qui ponctue le parcours, pendant du parvis de la gare. Les usagers bénéficient d'espaces extérieurs plantés, et les Parisiens, qui utilisent le quai comme piste cyclable, passeront désormais par un bois urbain.

Le cœfficient de biotope global du site est ainsi augmenté de 16% (11% actuellement, 27% pour le projet). Ce renforcement du végétal est, dans le même temps, la condition indispensable et pérenne pour offrir des espaces extérieurs plus résilients face aux épisodes caniculaires.

Façade du bâtiment existant
Facade of the existing building

ARCHITECTE / ARCHITECT
LAN ARCHITECTURE
STRUCTURE / STRUCTURE
BATISERF
FAÇADE / FACADE
T/E/S/S
PAYSAGE / LANDSCAPE
MICHEL DESVIGNE
FLUIDES / M.E.P.
INEX
HQE / HEQ
FRANCK BOUTTÉ
ACOUSTIQUE / ACOUSTICS
JEAN-PAUL LAMOUREUX
ÉCONOMIE / ECONOMICS
G.V.I
SÉCURITÉ INCENDIE ET ACCESSIBILITÉ / FIRE SAFETY AND ACCESSIBILITY
CASSO

RENOVATION OF THE NATIXIS TOWER – The Rive de Seine tower is located along the Seine at the intersection between the Quai de la Rapée and the Rue Van Gogh, between the Gare de Lyon and the Gare Austerlitz. The transformation of this office building is not just the redefinition of a landmark, it is the possibility of restoring and reintegrating an overlooked structure to its city.

The refurbishment and mutation of existing buildings, in addition to their obvious ecological and environmental interest, are fertile experiences for innovation, real creative adventures where the architectural project is built in nonlinear stages.

To respond to the various challenges, the design process must leave behind the funnel narrative of scales – which would think first of the territory or the city to arrive in linear stages at the building, the window, and then the detail – to instead adopt a hyper-reactive strategy of adaptation, totally open to the discovery and opportunities of the existing. As mentioned above, the project is expressed through a strategy of cause and effect.

The narrative begins with two parallel explorations: that of a facade solution and that of an optimal distributional system. These two investigations generated a succession of actions and reactions whose impact goes beyond the specific problem to delve into the urban, environmental, and functional approach.

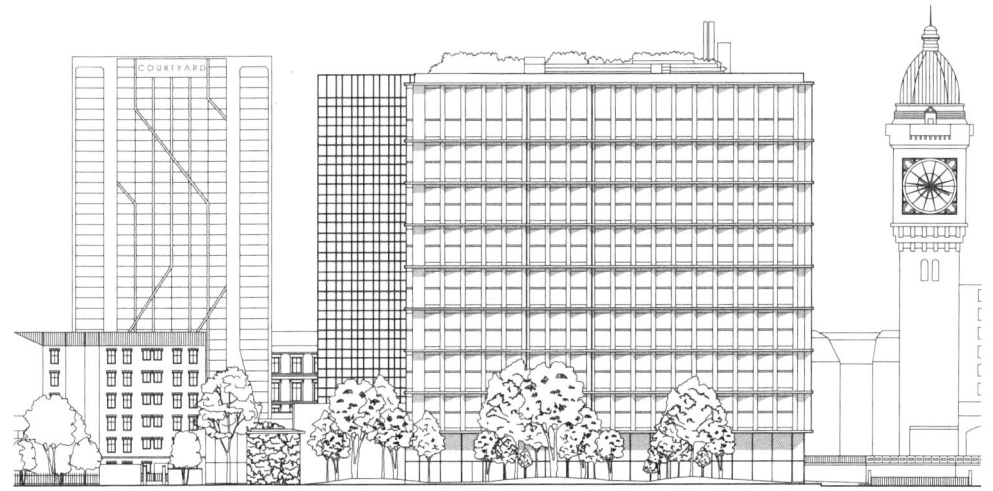

How can the facade, the surface, the open space, and the gardens deal with climate and energy challenges with minimal sun protection while enjoying maximum views of Paris? The solution to this first problem is a new element: the bow window. The bow window, by thickening the new facade, also generates a gain in surface area, and this gain in surface area associated with the reduction in technical premises, opens to the possibility of completely reconfiguring the first levels of the building. Action – Reaction. The outcome is more free space, better light and better quality for the same amount of space. Two new gardens have taken the place of the old forecourt and the old base: on the quay and in the heart of the block they resonate with the surrounding spaces.

Now available for the city, the block gains in urbanity. The neighborhood apartment building, a vestige of the previous urbanization, is revealed and overlooks a green space. The link between the Lyon and Austerlitz stations is enriched by a new space that punctuates the route, a counterpart to the station square. Users benefit from planted outdoor spaces and Parisians who use the platform as a cycle path will now pass through an urban wood.

Thus, the overall biotope coefficient of the site is increased by 16% (11% at present, 27% for the design project). At the same time, this reinforcement of the plant life is the essential and lasting condition for offering more resilient outdoor spaces in the face of heat waves.

Façade du projet
Project facade

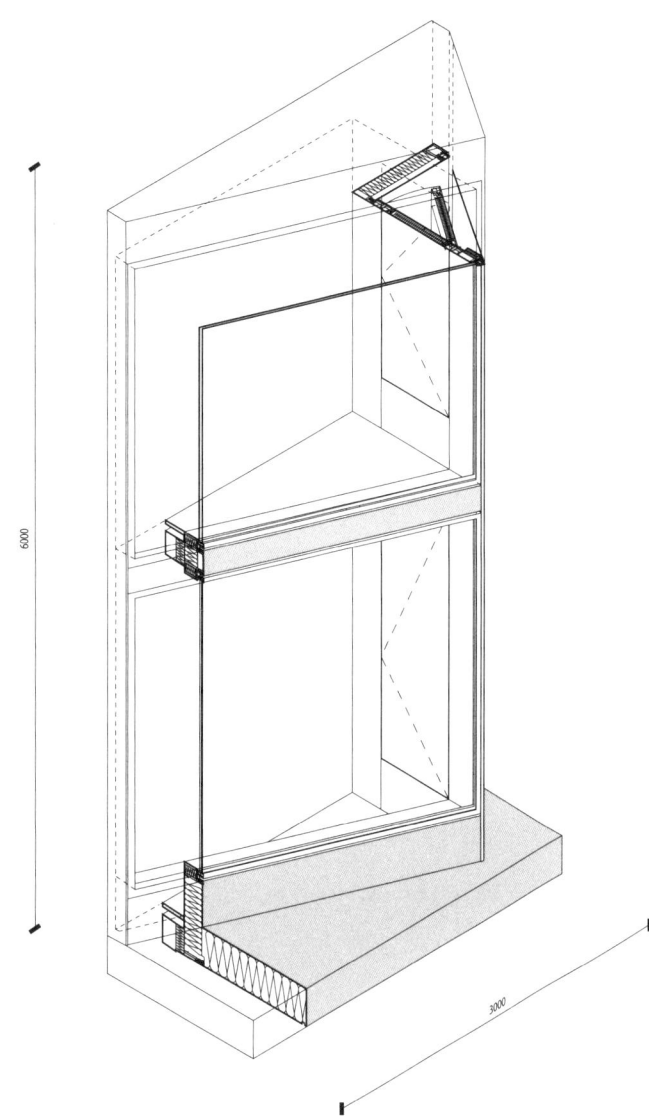

1 — Poteau béton existant
Existing concrete pillar

2 — Double vitrage
Double glazing

3 — Châssis ouvrant de ventilation
Ventilation opening frame

4 — Parement acoustique
Acoustic cladding

5 — Faille verticale
Vertical split

6 — Casquette horizontale
Horizontal awning

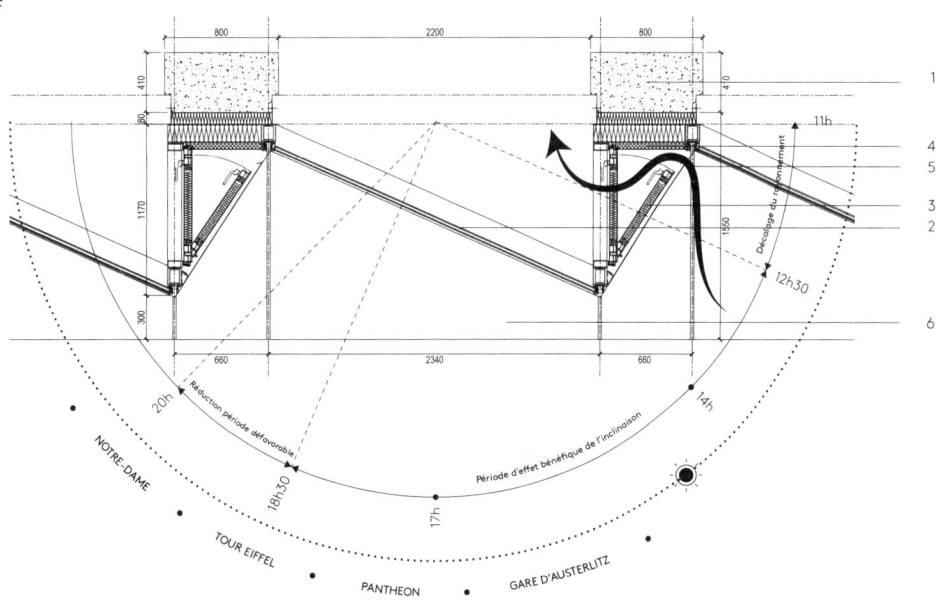

Détail du système de façade
Detail of the facade system

Bow-window de la façade
Bow window of the facade

PROJET
Bordeaux
Îlot des Mareyeurs

PROJECT
Bordeaux
The Îlot Mareyeurs

Depuis la serre
From the greenhouse

48

NATURE ET ARTEFACT

Au croisement entre l'architecture des grandes serres et celle des hôtels industriels, le projet propose une stratégie spatiale, climatique et paysagère, capable d'une part d'enrichir les bureaux de lieux informels, de plus en plus nécessaires à l'évolution du monde de travail, et d'autre part d'établir un entre-deux climatique passif en mesure d'améliorer la performance énergétique de l'ensemble. Ce projet explore les limites entre extérieur et intérieur, entre nature et artefact, entre le bureau et le domestique.

NATURE AND ARTIFACT

At the intersection between the architecture of large greenhouses and that of industrial hotels, the project proposes a spatial, climatic, and landscape strategy capable, on the one hand, of enriching offices with informal spaces that are increasingly necessary for the evolution of the world of work, and on the other hand, of establishing a passive climatic intermediate space that can improve the energy performance of the entire building. This project explores the boundaries between exterior and interior, between nature and artifact and between the office and the domestic domains.

CLIENT
ICADE
BUDGET
30 M€ HT
SURFACE/AREA
13 863 M²
CALENDRIER/CALENDAR
**2019-2026
EN COURS/ONGOING**

INTELLIGENCE FORMELLE – L'îlot des Mareyeurs s'inscrit dans le quartier du MIN en plein développement. Il est proche de la Zone d'Aménagement Concerté « Jean Belcier ». Territoire composite au passé industriel, le quartier Saint-Jean Belcier met en relation des formes urbaines distinctes, offrant différents dialogues entre industrie et ville.

La mixité programmatique entre l'immeuble de bureaux et les activités au rez-de-chaussée tire ainsi parti de cette intelligence formelle inhérente au contexte (adaptation d'échelle, de traitement, de position, et de relation à la rue).

Véritable charnière, le projet s'habille d'un double langage industriel et urbain : par son programme, par sa forme, par sa relation à la rue et aux immeubles voisins. Verticalement, la relation s'articule ensuite entre ce socle semi-industriel et l'activité de l'immeuble de bureaux aux niveaux supérieurs.

Le projet s'implante aux limites Nord et Ouest de la parcelle en occupant la quasi-totalité de la surface au sol de l'îlot. Afin de renforcer les qualités urbaines du site, le bâti se développe à l'alignement des voies publiques.

Le volume imaginé est donc simple et divisé en trois bandeaux aux couvertures semi-cylindriques, qui viennent flirter avec l'imaginaire du jardin d'hiver en dialoguant avec la dynamique de productivité industrielle du quartier.

Cette figure agit comme effet de marque et d'identification du bâtiment à travers un parti architectural fort, contemporain et en cohérence avec l'histoire du quartier.

Offrant de généreux volumes, elle permet aussi, en brouillant les échelles, de conserver un gabarit moyen sur la rue. En renversant la logique de l'immeuble à cour, forme générique héritée des normes et standards de la construction de bureaux, l'objectif est d'offrir des conditions de travail optimales tout, en s'insérant au mieux dans cet environnement vaste et composite. Est généré un volume simple, se développant en limite parcellaire, dans lequel s'installe un jeu de pleins et de vides, une figure en « peigne » qui résulte donc de la réflexion sur la rue, la cour et la place du végétal. Elle crée des espaces interstitiels végétalisés traités en jardin d'hiver, sur lesquels s'ouvrent les plateaux de bureaux. À travers une enveloppe commune à toute la structure, les jardins thématisés selon leur orientation sur la parcelle articulent l'entièreté du projet et établissent un système de relations entre l'immeuble et son environnement, entre l'immeuble et son socle.

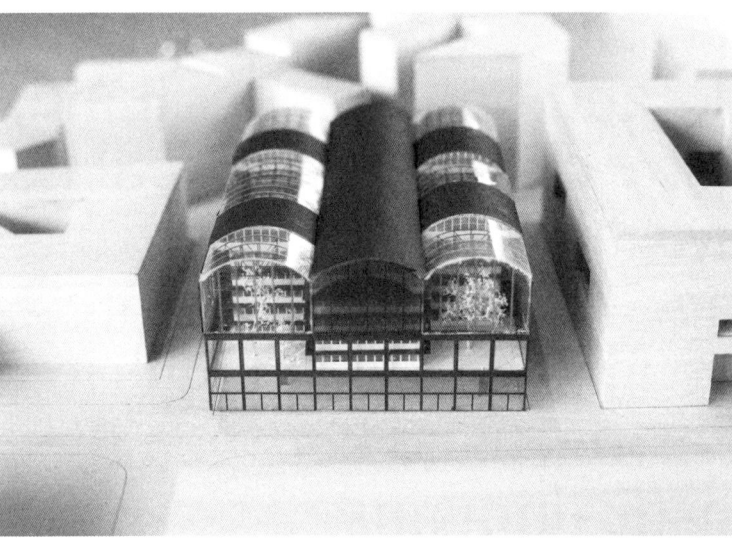

ARCHITECTE / ARCHITECT
LAN ARCHITECTURE
STRUCTURE / STRUCTURE
BATISERF
FAÇADE / FACADE
T/E/S/S
PAYSAGE / LANDSCAPE
MICHEL DESVIGNE
FLUIDES / M.E.P.
INEX
HQE / HEQ
FRANCK BOUTTÉ
ACOUSTIQUE / ACOUSTICS
JEAN-PAUL LAMOUREUX
ÉCONOMIE / ECONOMY
BMF
SÉCURITÉ INCENDIE ET ACCESSIBILITÉ / FIRE SAFETY AND ACCESSIBILITY
CASSO

FORMAL INTELLIGENCE – The Îlot Mareyeurs is part of the MIN district, located close to the "Jean Belcier" area, undergoing major redevelopment.

The Saint-Jean Belcier area is a composite territory with an industrial past that currently reconciles its distinct urban forms with the city of Bordeaux by introducing new architectural dialogues.

Thus, the programmatic mix of the office building and the activities on the ground floor exploit this inherent formal intelligence in its adaptation of scale, treatment, position, and relationship to the street and the neighborhood buildings, by adopting both an industrial and an urban language. This reflects vertically in the articulation of a semi-industrial podium and the offices placed on the upper levels.

The project is located at the northwestern edge of the lot, occupying almost the entire area of the block. The building is developed in line with public streets to reinforce the existing urban qualities of the site. As a result, the volume is simple and divided into three bands with semi-cylindrical roofs that flirt with winter garden imagery while interacting with the industrial activities of the neighborhood. The design serves as a marker and identification of the building through a strong, contemporary architectural motif consistent with the history of the district. It also allows a medium road gauge to be maintained by offering generous volumes and blurring of scales.

The aim is to provide optimal working conditions and to fit into this vast and composite environment, reversing the logic of the courtyard building – a generic form inherited from the norms and standards of office construction.

Thus, a simple volume is introduced at the limits of the plot, a "comb" figure resulting from the investigation of the street, the courtyard, and the greenery, where an interplay of solids and voids is established. It generates interstitial green spaces, treated as winter gardens onto which the office floors open. Through an envelope that serves as a collector for the entire structure, the gardens, themed according to their orientation on the lot, articulate the entire project and establish a system of relationships between the building and its environment and the building and its base.

Angle du MIN et de la rue de Plantevigne
Corner of MIN and rue de Plantevigne

Jardin intérieur au premier étage
Inner garden on the first floor

PROJET
Charleroi
5ᵉ Élément : 149 logements, bureaux et commerces

PROJECT
Charleroi
5th Element: 149 housing units, offices and retail

Skyline

AU SERVICE DU « COMMUN »

Le projet de cet ensemble est avant tout le projet d'une place : à la manière des contreforts de la forteresse Vauban dont les vestiges demeurent enfouis sous le site, le projet s'organise en une succession de couronnes paysagères imbriquées les unes dans les autres autour d'une place centrale. Ici, tout est au service du « commun » : chaque élément, chaque espace, chaque programme sont autant de possibilités de créer une nouvelle communauté et de la fédérer avec celle déjà existante.

(UN)COMMONS SPACES

The project of this complex is above all the project of a square: in the manner of the buttresses of the Vauban fortress, the remains of which remain buried under the site, the project is organized in a succession of landscaped rings interwoven around a central square. Here, everything is at the service of the "common": each element, each space, each program is an opportunity to create a new community and to combine it with the existing one.

CLIENT
LA SAMBRIENNE
BUDGET
49 M€
SURFACE / AREA
25 000 M²
CALENDRIER / CALENDAR
2019-2027
EN COURS / ONGOING

URBANITÉ VERTICALE — Situé dans une zone boisée, le projet fait la part belle aux espaces extérieurs avec la création d'un parvis autour duquel s'articulent les différents bâtiments. À la manière des contreforts de la forteresse Vauban dont les vestiges demeurent enfouis sous le site, le projet du 5ᵉ Élément s'organise en une succession de couronnes paysagères imbriquées les unes dans les autres. Différentes typologies d'espaces, proposant des services distincts, ceinturent ainsi une place centrale fédératrice à l'échelle du quartier, permettant une lecture claire du lieu tout en faisant subtilement référence au riche passé de la ville. Depuis l'extérieur vers le cœur du site, se succèdent : la zone végétalisée en périphérie, la circulation des véhicules, le bâti, la circulation piétonne puis le jardin sur la place. Dans cet écrin de nature, le développement d'une architecture verticale et compacte libère le sol. Nouveau premier signal d'urbanité d'une des entrées de ville, il donne le ton et renforce l'image émergente de « Charleroi Métropole ». Ce projet est basé sur la reconnexion entre le projet d'architecture et le caractère de la ville. Il s'agit de conforter la relation dialectique entre les constructions et l'évolution du tissu. La conception de cet ensemble se situe donc à l'intersection entre l'architecture et l'urbanisme. Par son échelle et son impact sur la vie future du quartier, le projet nous amène rapidement à considérer la question de l'urbanité comme centrale. Le projet du 5ᵉ Élément représente ainsi, à nos yeux, une occasion unique pour définir une identité tout en y intégrant désirs d'écologie, de partage, de mixité, de collectivité et de qualités paysagères. L'ensemble bâti proposé vise à s'ancrer dans son contexte, tant par sa typologie que par son langage architectural. Le bloc béton, matériau de parement majoritairement utilisé dans le projet, donne à toutes les entités des visages similaires mais chaque fois uniques par leur teinte. Les différentes tensions créées entre des architectures « similaires mais uniques » génèrent des ambiances différentes qui répondent à tous les besoins de ce microcosme.

ARCHITECTE / ARCHITECT
LAN ARCHITECTURE
ARCHITECTE CO-TRAITANT
/ CO-CONTRACTING ARCHITECT
BLOW
STRUCTURE / STRUCTURE
PIRNAY
FAÇADE / FACADE
VS-A
PAYSAGE / LANDSCAPE
BASE
FLUIDES / M.E.P.
POLYTECH
ACOUSTIQUE / ACOUSTICS
ATS

VERTICAL URBANITY — Located in a wooded area, the design project provides outdoor spaces by creating a square around which the various buildings are arranged. Like the buttresses of the Vauban fortress, whose remains are buried beneath the site, the 5ᵗʰ Element project is organized in a series of landscape crowns nested within each other. Thus, different typologies of spaces offering distinct services surround a central unifying place at the district level, allowing a clear reading of the place and subtly referencing to the city's rich past. Starting from the outward to the core of the site, these elements follow one another: the outskirt green area, vehicular traffic, buildings, pedestrian traffic, and the garden on the square. Within this natural setting, the development of a vertical and compact architecture frees up the ground. As the first urbanity signal from one of the city entrances, it sets the tone and reinforces the emerging image of "Charleroi Métropole". This project is based on the reconnection between the architectural design and the city's character. It is about consolidating the dialectical relationship between constructions and the evolution of the urban fabric. Therefore, the design of this ensemble lies at the intersection of architecture and urbanism. Because of its scale and impact on the future life of the neighborhood, the project quickly leads us to consider the issue of urbanity as pivotal. Thus, the 5ᵗʰ Element project is for us a unique opportunity to define an identity by integrating desires for ecology, sharing, diversity, community, and landscape qualities. The proposed built ensemble aims to be grounded within its context, both in its typology and architectural language. The concrete block, the covering material mainly used in the project, gives all the entities similar faces. The different tensions created between "similar but unique" architectures generate different atmospheres that meet all the needs of this microcosm.

Depuis le ring
From the ring

Terrasse commune
Common terrace

PROJET
Ljubljana
Siège social de Dimnikcobau D.O.O

PROJECT
Ljubljana
Dimnikcobau D.O.O Headquarters

Déplié de façades
Unfolded facades

64

DÉCLOISONNER LE BUREAU

Le bâtiment est pensé comme une stratification verticale et horizontale d'éléments et de programmes : le forum, le théâtre, les pavillons, et l'observatoire. Chaque partie est dessinée pour exprimer une singularité tout en définissant une unité. L'idée est de décloisonner le bureau et de l'humaniser. Travailler ici relève de l'expérience sociale, urbaine et culturelle.

DECOMPARTMENTALIZING THE OFFICE

The building is designed as a vertical and horizontal stratification of elements and programs: the forum, the theater, the pavilions and the observatory. Each part is designed to express a singularity while defining unity. The idea is to break down the barriers of the office and make it more human. Working here is part of a social, urban and cultural experience.

CLIENT
DIMNIKCOBAU D.O.O.
SURFACE/AREA
18 000 M²
CALENDRIER/CALENDAR
2019

LE BÂTIMENT COMME STRATIFICATION VERTICALE ET HORIZONTALE – Le DCB3 n'est pas simplement un bâtiment de bureaux haut de 40 m, mais un véritable catalyseur d'intentions et d'usages. Il porte en lui toutes les valeurs de ce nouveau projet de ville/campus. Il en est le centre et le signal. Le bâtiment est pensé comme une stratification verticale et horizontale d'éléments et de typologies. Les grands ensembles du projet sont le forum, le théâtre, les pavillons et l'observatoire. Chacun de ces ensembles est programmé et dessiné pour exprimer une singularité tout en définissant une unité. L'ensemble crée un bâtiment – évènement jamais vu, et jamais construit précédemment.

À la manière d'un forum, les programmes sont desservis et articulés autour d'un centre, una piazza. Le rez-de-chaussée regroupe les grands espaces qui accueillent un public élargi : restaurant, espace de conférence et lieu d'exposition. Il est également possible d'accéder aux grandes entités directement depuis l'extérieur, de manière indépendante.

Au centre du forum, une structure en bois recrée un espace évoquant les intérieurs de théâtres, avec de petites alcôves implantées autour d'un atrium. Elle se développe sur plusieurs niveaux : du rez-de-chaussée au R+4. Cette structure en bois clair anime le forum, elle lui donne vie et participe à la création d'un centre. Ce théâtre est le poumon de la première strate du projet. Il canalise l'espace central. Dans le sens de la profondeur, le théâtre profite des vues offertes par les grandes verrières situées, dans les étages, entre chaque pavillon.

La première strate du bâtiment se compose de quatre pavillons. Sur cette première partie, et donc aux angles du projet, le bâtiment ne dépasse pas 20 m de hauteur. Cela permet de conserver le même niveau que les bâtiments voisins. A l'échelle du piéton, l'échelle de la rue se réduit. De même, les ombres portées du bâtiment DCB3 sont alors plus avantageuses pour les autres bâtiments du campus.

Au-delà des 20 m de hauteur, le projet met en place une deuxième logique. Le bâtiment s'ouvre sur l'extérieur et profite des vues sur le grand paysage de Ljubljana. Il prend la forme d'une croix afin de multiplier les orientations à l'intérieur des locaux. Cette émergence dans le campus offre une nouvelle tour à Ljubljana, de 40 m de hauteur. On peut l'appeler « l'observatoire », pour sa ressemblance avec la table d'orientation. Cette disposition générale permet aux bureaux de bénéficier au maximum des vues sur le paysage, de la lumière naturelle directe, et d'optimiser le centre du bâtiment en y regroupant les espaces servants. Grâce à ce changement de forme, les bureaux du R+6 s'ouvrent sur quatre terrasses de plus de 85 m² chacune, faisant écho aux jardins en rez-de-chaussée et aux montagnes au loin.

La façade vitrée mur rideau est complétée par un système de claires-voies verticales qui assurent une protection solaire naturelle. Les claires-voies de 40 cm de long par 5 cm de large sont implantées tous les 65 cm environ, suivant le calepinage des menuiseries de la façade vitrée. Le matériau utilisé pour les claires-voies est le cuivre. Il se présente ici sous deux teintes : rose et vert. Le choix des couleurs est un rappel du paysage de Ljubljana et notamment de ses montagnes. Suivant l'orientation de la façade, on retrouve la teinte verte ou rose. Les lignes verticales dessinées par la façade renforcent l'abstraction du bâtiment. Il devient solide, presque monolithique, à contrario des bâtiments classiques de bureaux en verre.

Vues aériennes
Aerial views

ARCHITECTE / ARCHITECT
LAN ARCHITECTURE
HQE / HEQ
FRANCK BOUTTÉ

THE BUILDING AS VERTICAL AND HORIZONTAL STRATIFICATION

The DCB3 building is not just a 40-m-high office building, but also a real catalyst of intentions and uses. It carries the entire set of values of this new city/campus project. It is the center and the signal.

The DCB3 building is thought of as a vertical and horizontal stratification of elements and typologies. The major ensemble of the project is the forum, the theater, the pavilions and the observatory. Each of these sets is programmed and drawn to express a singularity while defining a unit. The ensemble creates a building - never seen, and never built before.

In the manner of a forum, programs are served and articulated around a center, a piazza. The ground floor includes large spaces that can accommodate a wider audience: restaurant, conference room and exhibition venue. It is also possible to access large entities directly from outside, independently.

In the center of the forum, a wooden structure recreates a space reminiscent of the interiors of theaters, with small alcoves located around an atrium. It unfolds on several levels: from the ground floor to the fourth level. This wooden structure animates the forum, brings life and contributes to the creation of the center. This theater is the lung of the first stratum of the project. It frames the central space. The theater benefits from the views offered by the large windows located in the floors between each pavilion.

The first stratum of the building consists of four pavilions. On the first part and therefore at the corners of the project, the building does not exceed a height of 20 m, which will keep it at the same level as neighboring buildings. At the pedestrian scale, the street scale is reduced. In the same way, the shadows of the DCB3 building are then more advantageous for the other buildings on the campus.

Above the height of 20 m, the project establishes a second logic. The building opens to the outside and offers views of the great Ljubljana landscape. It takes the form of a cross to multiply the directions from inside offices. This height in the campus offers a new 40-m-high tower in Ljubljana. It can be called "the observatory": it reminds one of an orientation table. The entire layout allows offices to take full advantage of views of the landscape and direct natural light while optimizing the center of the building by bringing together the service areas. Thanks to this change of shape, the offices of the sixth level open on four terraces, of more than 85 m² each, echoing the gardens on the ground floor and the mountains.

The glazed curtain wall facade is completed by a system of vertical skylights that provides natural sun protection. The skylights, 40 cm long by 5 cm wide, are located every 65 cm, following the layout of the glass facade's joinery.

On the ground floor, the number of skylights decreases. Only one in two is installed compared to the upper floors. Naturally, the ground floor is less subject to sun protection issues. Its program requires porosity. This layout makes it possible to open the space toward the outside as much as possible.

The material used for skylights is copper. It comes in two shades: pink and green. The choice of colors is a reminder of the landscape of Ljubljana and especially its mountains. Depending on the orientation of the facade, green or pink appears. The vertical lines of the facade reinforce the abstraction of the building. It becomes solid, almost monolithic, in contrast to conventional glass buildings.

Atrium
Entrance hall

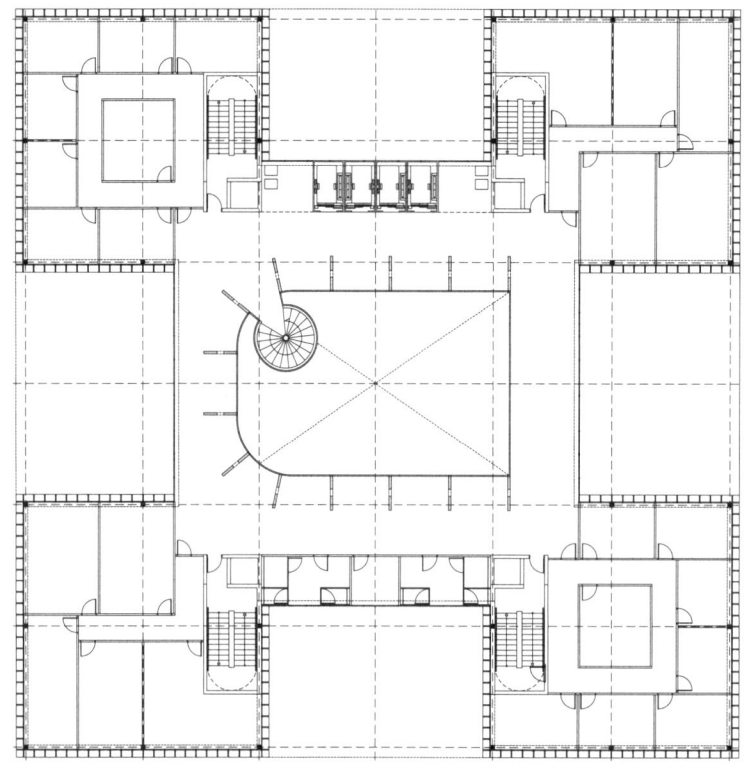
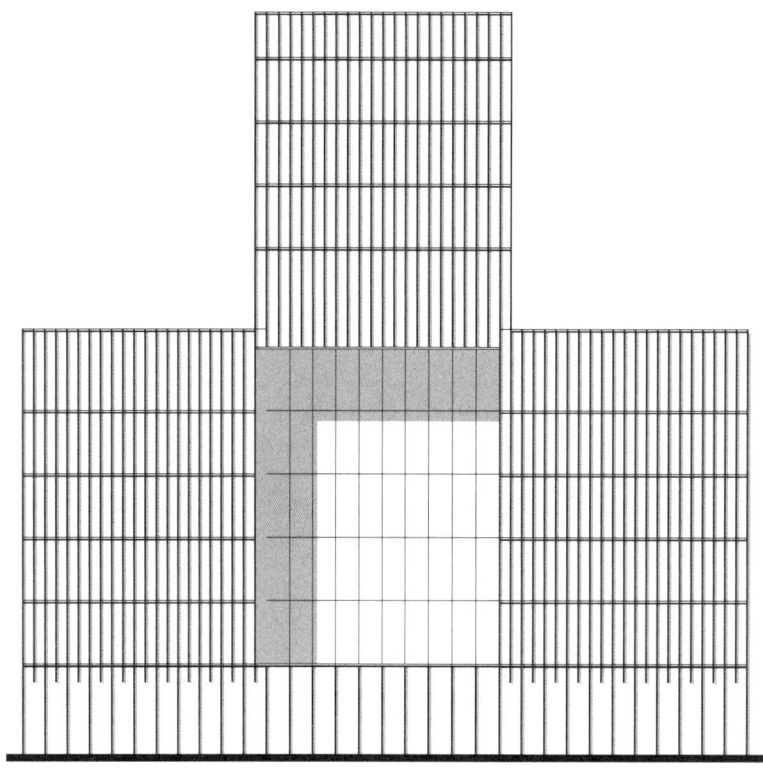

Plan R+2
Façade d'entrée
Second floor plan
Entrance facade

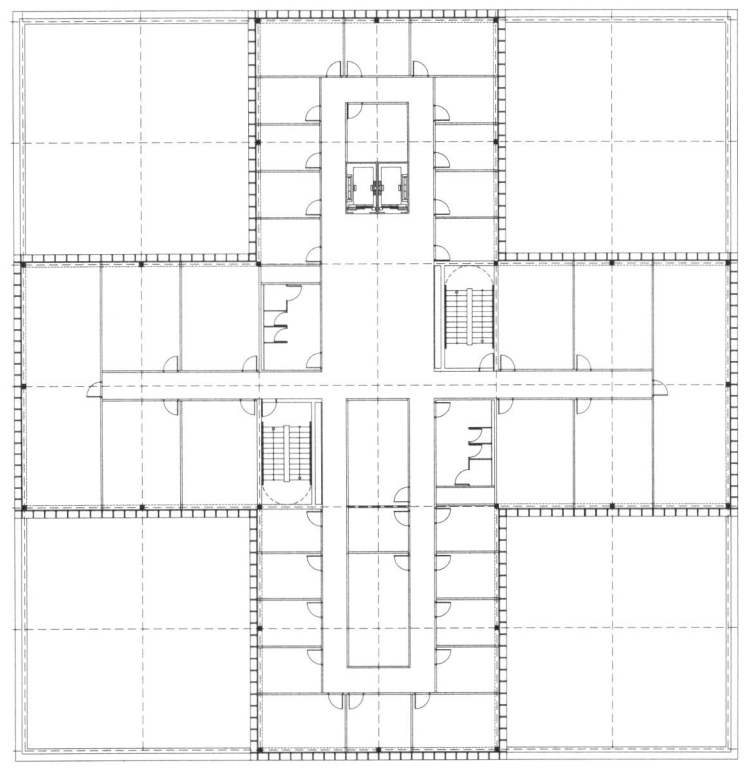
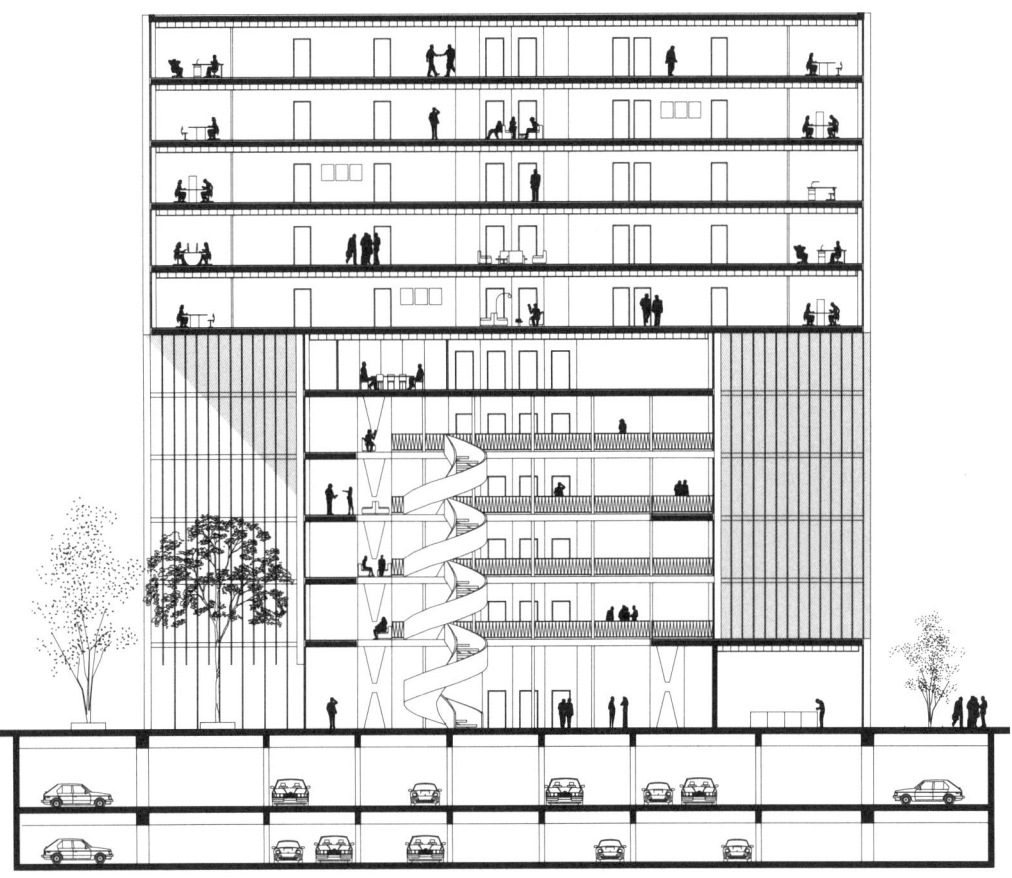

Plan R+6
Coupe
Sixth floor plan
Section

PROJET
Bordeaux Amédée-Saint-Germain : Masterplan, 439 logements et commerces

PROJECT
Bordeaux Amédée-Saint-Germain: Masterplan, 439 housing units and retail

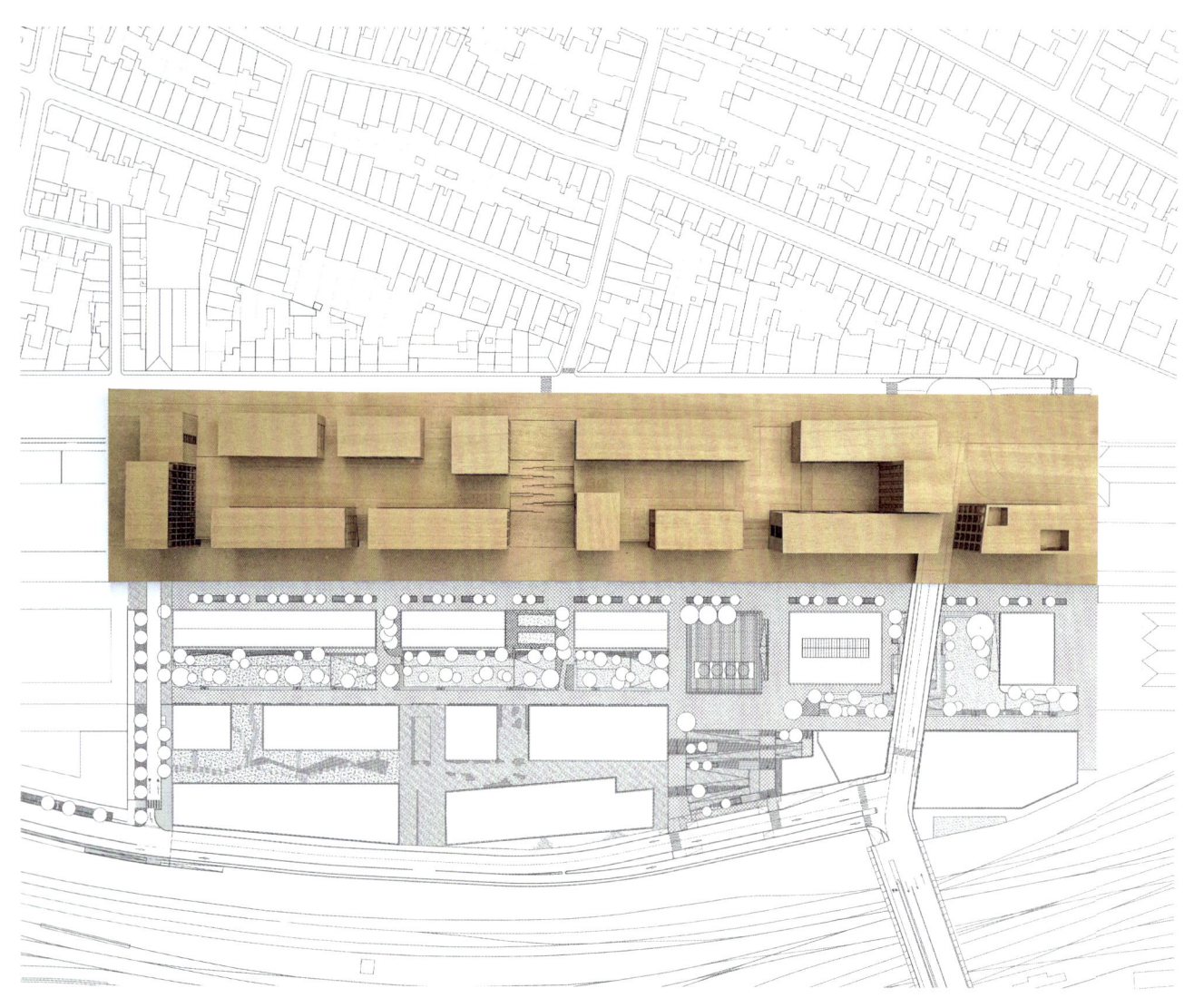

Plan masse
Masterplan

DU FERROVIAIRE À LA VILLE

Le secteur Amédée-Saint-Germain est une opération de transformation urbaine des friches industrielles contiguës
à la gare de Bordeaux.
Par son échelle, le projet mêle les questions urbaines à celles programmatiques, typologiques, économiques, techniques, climatiques et sociales, avec l'ambition de concilier la mémoire et l'invention dans une nouvelle forme urbaine durable.

FROM RAIL TO CITY

The Amédée-Saint-Germain sector is an urban project to transform the industrial wasteland adjacent to the Bordeaux railway station.
By its scale, the project mixes urban issues with programmatic, typological, economic, technical, climatic and social ones, with the ambition to reconcile memory and invention in a new sustainable urban form.

CLIENT
BOUYGUES IMMOBILIER
BUDGET
55 M€ HT
SURFACE / AREA
32 669 M²
CALENDRIER / CALENDAR
**2017-2024
EN COURS / ONGOING**

AMÉNITÉ URBAINE – À l'horizon 2030, la ville de Bordeaux vise un rayonnement européen avec Euratlantique, une Opération d'Intérêt National (OIN) concentrée sur la construction d'un centre d'affaire autour de la gare Saint-Jean, à l'occasion de l'arrivée de la liaison ferroviaire à grande vitesse (LGV) en 2017. Le renouvellement urbain, engagé depuis près de vingt ans, se poursuit ainsi entre le quartier du Sacré-Cœur et les voies de chemin de fer avec l'aménagement de l'ancien site industriel de la ZAC Amédée-Saint-Germain, l'un des cinq domaines du projet Saint-Jean Belcier.

Le Sacré-Cœur s'est construit spontanément, dans une forme urbaine très homogène composée de vastes îlots résidentiels, et interrompue ponctuellement par des édifices du XXᵉ siècle. Le tissu est constitué d'échoppes bordelaises, petites maisons de ville de plain-pied déployées sur des parcelles longues et étroites ; sorte de pastiche des palais classiques. Le quartier compte une très faible quantité d'équipements et manque ainsi d'attractivité à l'échelle métropolitaine.

La parcelle de la ZAC se trouve au sud, en limite de la ville dite de « pierre », dans une enclave topographique : 4,20 m la séparent du niveau de la rue pour des raisons liées à l'activité ferroviaire. Comprise entre la rue de Bègles et la rue Furtado, elle longe la rue Amédée-Saint-Germain et le faisceau de voies.

Elle regorge de quelques vestiges remarquables de l'activité industrielle, des structures monumentales comme l'atelier des forges, les citernes et l'atelier Amédée, caractérisés par des arches déployées le long de leurs façades. Le projet d'aménagement doit générer une nouvelle centralité pour les Bordelais et, considérant la gare comme une entrée de ville, devenir une vitrine des situations urbaines. La valorisation du patrimoine passe par la réhabilitation et la mise en valeur des bâtiments préservés, mais aussi par la création de percées visuelles vers le réseau ferroviaire.

À l'intersection de nombreuses morphologies, le projet Amédée-Saint-Germain doit opérer une synthèse des différents modèles de façon à instaurer une continuité. Il ne s'agit pas de reproduire le tissu vernaculaire du centre, ni la logique des îlots de la ville de pierre, mais plutôt d'inventer une nouvelle forme pour prolonger ces expériences urbaines et faire émerger une singularité qui tire le meilleur parti de cette géographie insulaire.

La partie nord du projet, sur la rue Amédée, reprend la dimension de l'îlot du Sacré-Cœur. Sur une surface équivalente, l'échelle des édifices construits est marquée par une forte densité, similaire à celle des palais imités autrefois par l'échoppe. Le site sera connecté à la gare centrale par un mail ; un tapis minéral sur lequel reposent les anciens ateliers. Lorsque le front patrimonial est interrompu, il est comblé par un édifice empruntant la forme industrielle dans une modénature lissée. La partie sud figure une véritable façade ferroviaire et compose les premières images offertes au voyageur entrant dans la ville.

Les bâtiments sont abstraits, lisibles et clairs ; les éléments de langage changent d'échelle pour introduire une forme de monumentalité dans une architecture iconique. Outre l'utilisation d'une même palette de matériaux – pierre, brique et béton –, l'identité du quartier sera garantie par l'application d'une micro-échelle commune décidée en amont du projet. Elle concerne les petits éléments architecturaux, le mobilier ou encore l'intensité de l'éclairage.

ARCHITECTE / ARCHITECT
LAN ARCHITECTURE

ARCHITECTE CO-TRAITANT / CO-CONTRACTING ARCHITECT
BLP

TCE / ALL TRADES ENGINEERING
OTEIS

PAYSAGE / LANDSCAPE
ATELIER GEORGE
PHYTOLAB

URBAN AMENITY – By 2030, the city of Bordeaux aims to become a European city through Euratlantique, an Operation of National Interest focusing on the construction of a business center around the Saint-Jean railway station. This coincides with the introduction of the new high-speed rail link in 2017. The city's urban renewal began almost twenty years ago and is now under way between the Sacré-Coeur neighborhood and the railway tracks with the development of the former industrial site of Amedée-Saint-Germain, one of the five areas in the Saint-Jean Belcier project.

Sacré-Coeur was built spontaneously and homogeneously: it consists of vast residential blocks interrupter here and there by 20th century buildings. The urban fabric is made up of "échoppes bordelaises", small single-story townhouses set on long, narrow plots; a sort of pastiche of classical palaces.

There are very few facilities in the district, which makes it unattractive on a metropolitan scale. The ZAC plot is located to the south, on the edge of the "stone" city, in a topographical enclave: 4,20 m separating it from street level, due to railway activity. Located between rue de Bègles and rue Furtado, it runs alongside rue Amédée-Saint-Germain and the railway line.

Here are some remarkable remains of industrial activity, monumental structures such as the forge workshop, the cisterns and the Amédée workshop, characterized by arches running along the facades.

The project should create a new centrality for the people of Bordeaux and, considering the train station as a gateway to the city, become a showcase for urban situations. The heritage of the area will be enhanced by renovating and showcasing the buildings that have been preserved, as well as by creating views of the railway line.

The Amedée-Saint-Germain project lies at the intersection of several morphologies and aims to synthetise different patterns to create a sense of continuity. However, the solution is not to reproduce the vernacular urban fabric of the city center, nor to follow the logic of the stone city blocks; rather, it is to invent a new form that extends these urban experiences and reveals a singularity that draws on the best of this insular geography. The northern part of the project, on rue Amédée, takes up the dimensions of the Îlot Sacré-Cœur. Over an equivalent area, the scale of the buildings is marked by a high density, similar to that of the palaces once imitated by the "échoppe". The site will be connected to the main train station by a mall, a mineral walkway running in front of the former workshops.

Wherever this historic facade is interrupted, it has been filled in by a building that uses an industrial form with a smooth sense of ornament. The southern part forms a veritable railway facade, providing the first images offered to travellers entering the city. The buildings are abstract, legible, and clear. The stylistic components change in scale to introduce a form of monumentality into an iconic architecture. As well as using the same palette of materials – stone, brick and concrete – the identity of the district will be guaranteed by the application of a common micro-scale decided at the beginning of the project. This applies to small architectural elements, furniture and the intensity of lighting.

La rue Amédée
Amédée street

La cour de l'îlot 9.11
The courtyard of block 9.11

Le jardin
The garden

BÂTIMENT B / BUILDING B

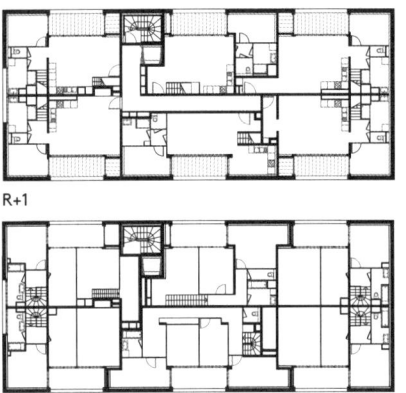

R+1

R+2

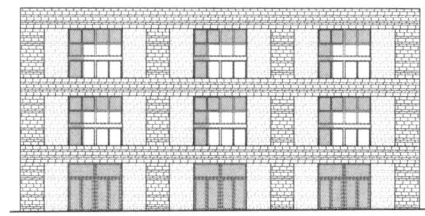

BÂTIMENT C / BUILDING C

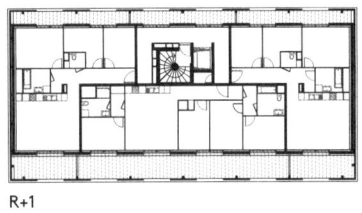 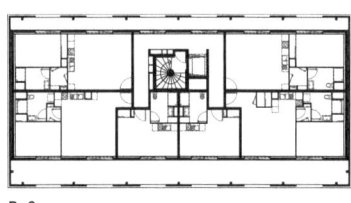

R+1   R+2

BÂTIMENT D / BUILDING D

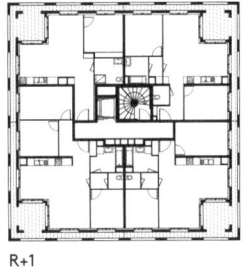 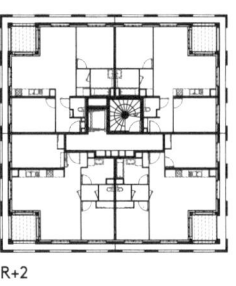

R+1   R+2

BÂTIMENT F / BUILDING F

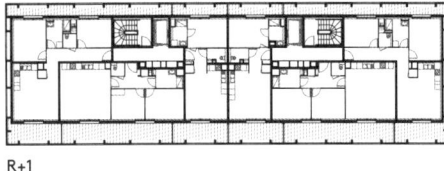

R+1

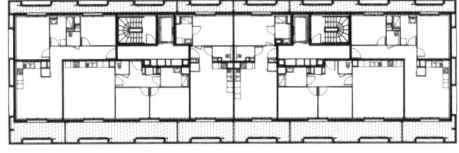

R+2

BÂTIMENT HI / BUILDING HI

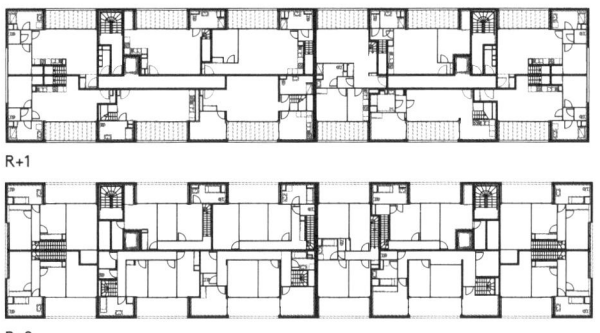

R+1

R+2

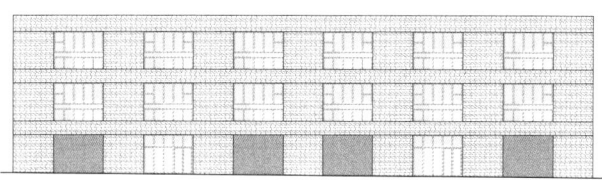

BÂTIMENT J / BUILDING J

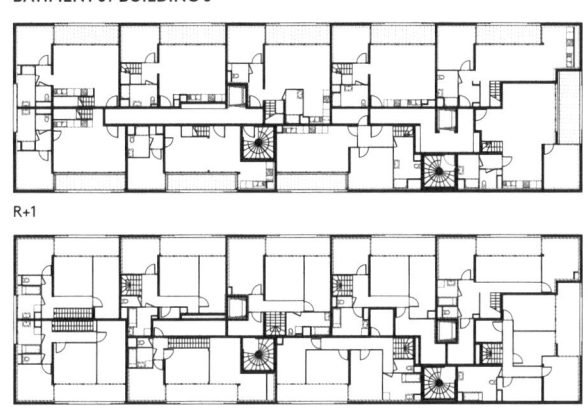

R+1

R+2

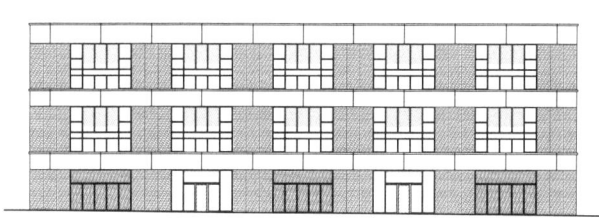

BÂTIMENT L / BUILDING L

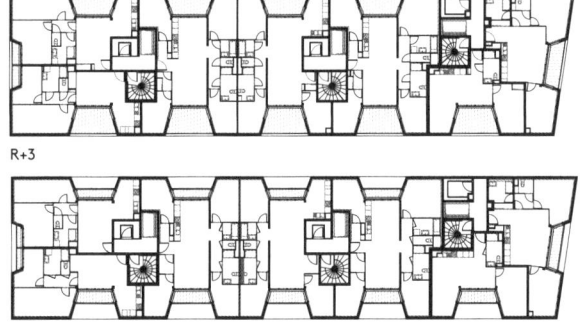

R+3

R+4

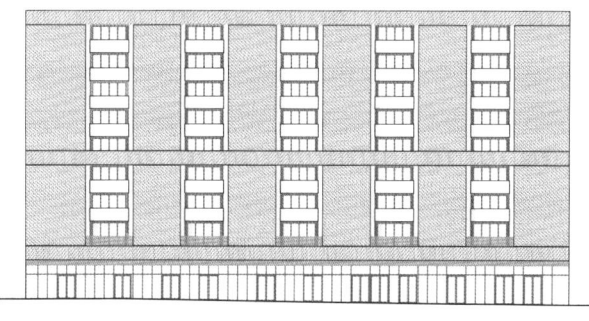

BÂTIMENT M / BUILDING M

R+2   R+3

Façade du bâtiment B
Facade of building B

85

Hall d'entrée du bâtiment B
Entrance hall of building B

Loggia du bâtiment M
Loggia from building M

Façade du bâtiment M
Facade of building M

Loggia du bâtiment B
Loggia from building B

Façade du bâtiment HI
Facade of building HI

PROJET
Paris XIII
Wood Up : 132 logements

PROJECT
Paris XIII
Wood Up: 132 housing units

Chantier en cours
Construction site in progress

STRUCTURES BOIS

Ce projet a été une possibilité d'explorer la construction à faible émission de carbone (Label BBCA). Avec ses cinquante mètres de hauteur, la tour Wood Up est l'un des premiers exemples en Europe de bâtiment vertical en structure bois. Le pari technique et les contraintes liées à ce type de construction ont été le point de départ d'une exploration typologique inédite.

WOODEN STRUCTURES

This project was an opportunity to explore low carbon construction (BBCA label). At fifty meters high, the Wood Up tower is one of the first examples in Europe of a vertical building with a wooden structure. The technical challenge and the constraints linked to this type of construction were the starting point for an unprecedented typological exploration.

CLIENT
REI HABITAT
BUDGET
23,5 M€ HT
SURFACE / AREA
8 900 M²
CALENDRIER / CALENDAR
2017-2023
EN COURS / ONGOING

BOIS & TRANSPARENCE – Paris Rive Gauche est une opération d'aménagement portant sur tout le flanc Est du 13ᵉ arrondissement. Ses principes fondateurs ont pour objectifs d'établir des liens et des continuités entre les quartiers du 13ᵉ et la Seine, et entre Paris et Ivry. Pour organiser ces liens sur ce territoire complexe, le projet urbain propose de se reposer sur l'infrastructure routière afin de faire émerger dans le secteur Massena-Bruneseau un quartier qui prendrait de la hauteur et installerait en bord de Seine un nouveau paysage urbain d'échelle métropolitaine. Bénéficiant d'une situation exceptionnelle sur la Seine, la parcelle B1A3 qui accueillera la tour de logements en bois, d'une hauteur de près de 50 m, constitue un point clé de cette nouvelle urbanité.

Concevoir un bâtiment en bois, c'est avant tout étudier une trame structurelle qui puisse correspondre aux fonctions qu'il contient. Ici, le tramage du bâtiment est défini par rapport à la taille des logements ; la stratégie a été de composer avec une dimension de 3,90 m pour s'adapter aisément à n'importe quelle typologie d'habitation. A cela s'est ajoutée la volonté de dédoubler les niveaux pour renforcer l'idée de double échelle. De loin, le bâtiment semble être un R+7, car les niveaux lisibles des dalles apparaissent uniquement tous les deux étages.

Symbole du lien entre l'ancien plafond des hauteurs de Paris et ce nouvel urbanisme, le volume du projet s'ouvre à la ville grâce à la création d'un étage commun au 8ᵉ niveau. Cet espace bénéficie d'une vue sur la ville et de services communs aux 132 logements : cuisine, terrasse partagée équipée de mobilier flexible et mobile. Véritable symbole du projet, il trouve une résonance avec la ville grâce au traitement de sa sous-face qui deviendra un lieu d'expression artistique visible de loin.

L'un des enjeux urbains se trouve aussi dans la gestion du dénivelé important (environ 7 m) qui existe entre le quai d'Ivry et le rez-de-chaussée accessible côté Boulevard du Général Jean Simon. Côté quai d'Ivry, la façade double hauteur d'une salle d'escalade occupe toute la largeur de la parcelle. Peu profond, cet espace est entièrement affecté à l'entrée de l'espace sportif et se prolonge rapidement en mezzanine (rez-de-quai +1), où se concentrent les espaces de grimpe. Cet important plateau de 650 m² dédié à l'activité, qui dialogue avec le R+1 des logements grâce à sa double hauteur, s'ouvre à la fois sur le boulevard et sur la placette, renforçant ainsi l'attractivité du commerce. Au centre du socle, traversant, le hall se connecte au passage extérieur couvert, permettant de relier la placette aux bâtiments mitoyens (en cas de crue de la Seine). Les deux circulations verticales des logements se prolongent jusqu'au niveau square, offrant une entrée secondaire. Ainsi, le hall des logements, l'espace restauration et les premiers logements du R+1 forment un socle commercial homogène, revisité, dont le principe est de prolonger la rue par transparence.

Ce jeu avec la transparence est le parti pris en façade. Généralement protégée et cachée, la structure bois en façade est ici délibérément exposée. Pour la rendre visible, elle est encapsulée en totalité dans du verre. Habituellement mat, le bois, grâce à sa protection, devient réfléchissant. Le dialogue qui s'installe entre la transparence et la lumière confère au projet une matérialité exceptionnelle et permet de créer un repère visible depuis les quais, signalant avec subtilité le bâtiment.

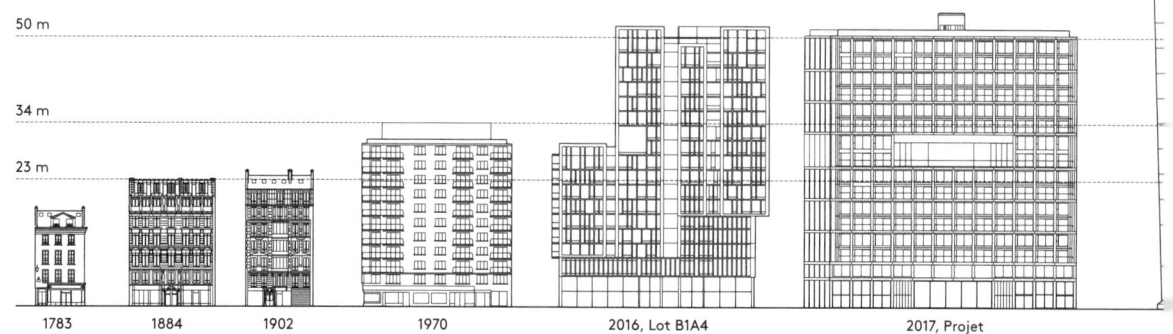

Skyline du quartier
Neighborhood skyline

ARCHITECTE / ARCHITECT
LAN ARCHITECTURE
STRUCTURE / STRUCTURE
FAÇADE / FACADE
ELIOTH
PAYSAGE / LANDSCAPE
ATELIER GEORGES
FLUIDES / M.E.P.
SINTEO
HQE / HEQ
ELAN
ACOUSTIQUE / ACOUSTICS
JEAN-PAUL LAMOUREUX
ÉCONOMIE / ECONOMY
BMF
SÉCURITÉ INCENDIE ET ACCESSIBILITÉ
/ FIRE SAFETY AND ACCESSIBILITY
CASSO

WOOD AND TRANSPARENCY – Paris Rive Gauche is a development project covering the entire Eastern side of the 13th arrondissement. It aims to establish connections and continuity between the neighborhoods of the 13th arrondissement and the Seine, and between Paris and Ivry-sur-Seine. To organize these connections on such a complex territory, the urban project proposes to lean on the road infrastructure to bring out, in the Massena-Bruneseau sector, a neighborhood that will take heights and install a new metropolitan urban landscape along the Seine. Benefitting from an exceptional location on the Seine, the B1A3 plot is a key point of this new urbanity and will be location for the 50-m-high wooden housing tower.

To design a wooden building is above all to study a structural framework that can match its functional program. Here, the framing of the building is defined in relation to the size of the dwellings; the strategy is to compose with a dimension of 3,90 m to easily adapt to any type of dwelling. Added to this was the desire to split levels to reinforce the idea of double scale. By far, the building appears to be an R+7 because the slabs are only readable every two floors.

As a symbol of the link between the old Paris height limit and that of new urban development, the volume of the project opens to the city through the creation of a common ground on the 8th floor. This space benefits from a view of the city and provides common services to the 132 housing units: kitchens and shared terrace equipped with flexible and mobile furniture. It finds further resonance with the city through the treatment of its underside, which will become a place of artistic expression visible from afar.

One of the urban matters is also the management of the important elevation change (about 7 m) between the Quai d'Ivry and the ground floor accessible through Boulevard General Jean Simon. On the Quai d'Ivry side, the double height facade of a climbing room occupies the entire width of the plot. Shallow, this space is entirely assigned to the entrance of the room and extends quickly in a mezzanine (ground floor + 1), where the climbing areas are concentrated.

This important 650 m² plateau dedicated to this activity, which dialogues with the first-floor housing units thanks to its double height, opens on both the boulevard and the plot, thus reinforcing its attractiveness.

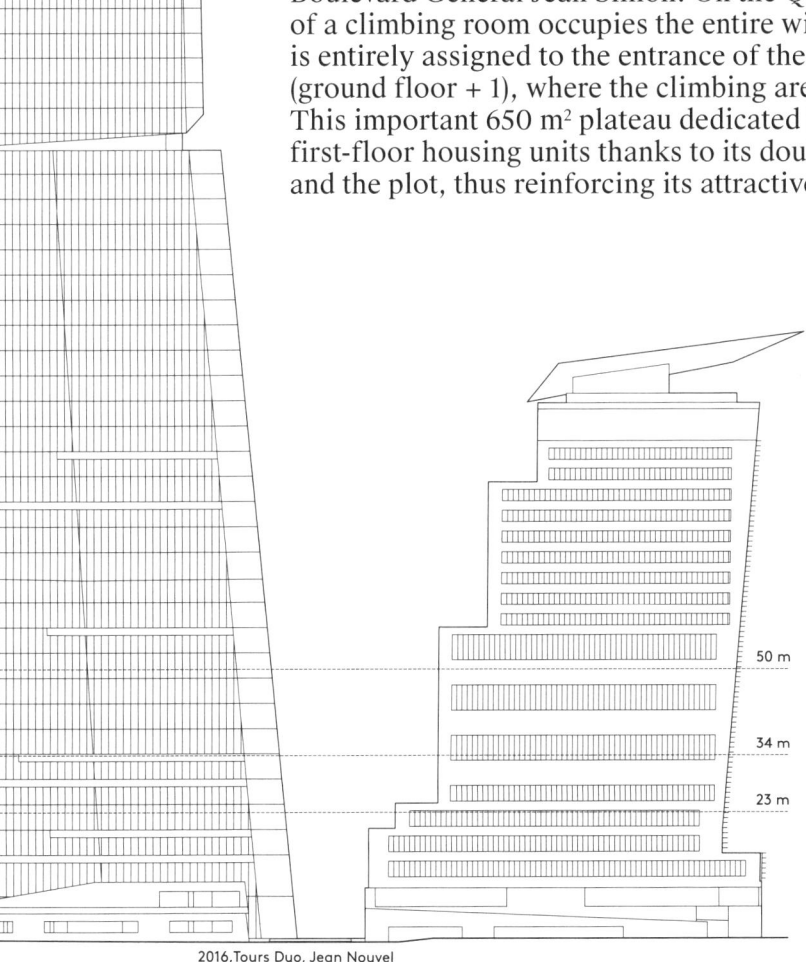

2016, Tours Duo, Jean Nouvel

At the center of the base, the hall connects to the covered outdoor pathway, which bridges the lot to adjacent buildings in case of flooding.

The two vertical housing circulations extend to the square level, providing a secondary entrance. Thus, the housing hall, restaurant area, and the first apartments of R+1 form a homogeneous and revised commercial base, the principle of which is to extend the street by transparency.

Transparency is the dominant theme of the facade. Generally protected and hidden, the wooden structure is instead deliberately exposed. It is entirely encapsulated in glass to make it visible. Usually matt, the wood becomes reflective thanks to its protective layer. The dialogue between transparency and light gives the project an exceptional materiality and allows to create a visible marker from the platforms, subtly signaling the building.

Terrasse commune
Common terrace

PROJET
Nanterre
Institut Léonard de Vinci

PROJECT
Nanterre
Léonard de Vinci Institute

Depuis le boulevard de Pesaro
From Pesaro Boulevard

DE LA CLASSE À LA VILLE

Structuré autour de la D914, ouvrage routier des années 1970 dont il épouse la courbe, l'Institut Léonard de Vinci a pour ambition de mettre en résonance des fragments de ville très hétérogènes et parfois contradictoires du quartier de La Défense. C'est un projet sur la perception et les échelles : de la classe à la ville, de la voiture au piéton, du monumental au domestique.

FROM CLASSROOM TO CITY

Structured around the D914, a roadway from the 1970s whose curve it follows, the Institut Léonard de Vinci aims to bring together the very heterogeneous and sometimes contradictory fragments of the city of La Défense. It is a project about perception and scale: from the classroom to the city, from the car to the pedestrian, from the monumental to the domestic.

CLIENT
ILV – INSTITUT LÉONARD DE VINCI
BUDGET
16,9 M€ HT
SURFACE/AREA
6 100 M²
CALENDRIER/CALENDAR
2017-2021

VERS LA VILLE – L'ambition du projet de l'Institut Léonard de Vinci est de mettre en résonance des fragments de ville très hétérogènes et parfois contradictoires.

À l'interface de l'omniprésente Grande Arche du quartier d'affaires La Défense, des immeubles logements Égalité-Fraternité et du foyer Maurice Ravel de Jacques Kalisz, du stade U Arena de Christian de Portzamparc et des Terrasses, le projet architectural de l'ILV vient prolonger l'aménagement global du Croissant engagée en 2015 par Paris La Défense des suites de la démolition d'une partie de l'ancien parking aérien MP89.

Conçue dans la première phase de renouvellement urbain du quartier (2015-2022), l'école côtoie l'infrastructure du Croissant. Structurée autour des ouvrages routiers des années 1970, la D914 dont l'Institut épouse la courbe, permet de faire bénéficier au bâtiment d'une centralité et d'une proximité immédiate avec plusieurs gares de transports en commun (Nanterre-Préfecture, la future gare Nanterre-La Folie, La Défense Grande Arche).

Les grandes fenêtres double-hauteur des agoras sont des signes destinés à être lus depuis le lointain. Visibles depuis la Passerelle de l'Arche, depuis le stade U Arena ou encore depuis la D914, leur transparence ouvre les espaces communs de l'école sur l'extérieur et « donne à voir » la vie de l'école aux passants. Orientées vers La Défense, ces ouvertures offrent une vue directe sur le parc du cimetière de Puteaux que le bâtiment surplombe. La nuit, le rapport s'inverse et cette diaphanéité entre l'école et la ville vient animer le nouveau boulevard urbain Aimé Césaire.

L'organisation des espaces intérieurs a eu pour vocation d'inciter et de favoriser les interactions entre les étudiants, les enseignants et le personnel administratif. À cette fin, une attention particulière a été portée aux circulations, qui importent autant que les espaces qu'elles desservent. Leur mise en scène transforme les parcours – notamment verticaux – en une expérience révélant la vie de l'école. Directement associées aux salles de cours, les pièces en double-hauteur sont dédiées au libre-service informatique. Prolongées par des terrasses accessibles qui s'ouvrent vers la ville, elles deviennent des lieux de rencontre et d'échange pour l'ensemble des usagers.

En regroupant les programmes sur des ensembles de deux niveaux, l'école prend la forme d'un campus vertical, où le plein (salles de cours, agora, salle de convivialité, etc.), participe autant que le vide des circulations (couloirs, escaliers, terrasses) à l'accroissement des échanges.

Un étage type regroupe des salles de classe, des salles informatiques, un espace pédagogique pour les enseignants-chercheurs et une ouverture sur le libre-service informatique situé dans l'espace commun en double-hauteur. La proportion des 2/3 choisie pour les salles de classe est idéale pour s'adapter aux différents types d'enseignement. L'école fonctionne par double-niveaux, où la mixité programmatique permet une meilleure flexibilité des usages.

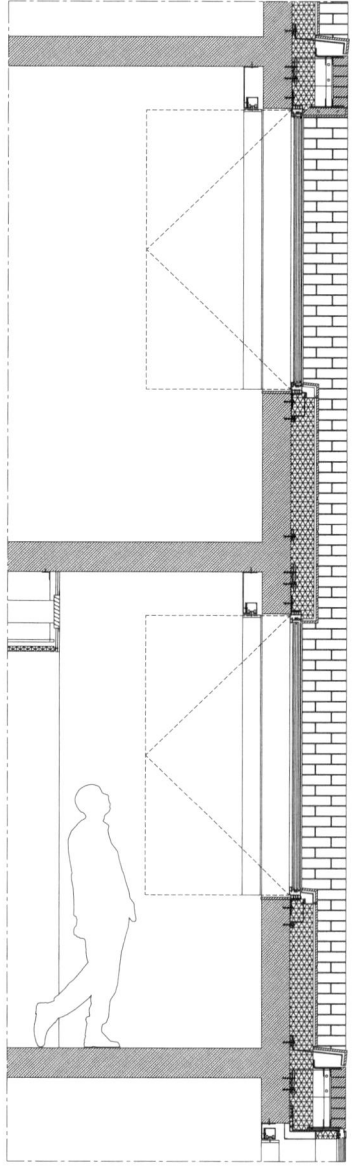

Détail de la façade
Detail of the facade

ARCHITECTE / ARCHITECT
LAN ARCHITECTURE
STRUCTURE / STRUCTURE
SECC INGÉNIERIE
FAÇADES / FACADE
VS-A
FLUIDES / M.E.P.
INEX
HQE / HEQ
ARP ASTRANCE
ACOUSTIQUE / ACOUSTICS
AVEL ACOUSTIQUE

TOWARDS THE CITY – The ambition of the Léonard de Vinci Institute project is to bring together very heterogeneous and sometimes contradictory fragments of the city.
At the interface of the omnipresent Grande Arche of the La Défense business district, the Égalité-Fraternité apartment buildings and the Maurice Ravel home by Jacques Kalisz, the U Arena stadium by Christian de Portzamparc and the Terrasses, the Institute extends the overall development of the "Croissant" undertaken in 2015 by Paris La Défense following the demolition of part of the former MP89 overhead car park.
Designed as part of the first phase of the district's urban renewal (2015-2022), the school stands alongside the infrastructure of the Croissant. Structured around the roadworks of the 1970s, the D914, whose curve the Institute follows, allows the building to benefit from a centrality and immediate proximity to several public transport stations (Nanterre-Préfecture, the future Nanterre-La Folie station, La Défense Grande Arche).
The large double-height windows of the agoras are signs intended to be read from afar. Visible from the Passerelle de l'Arche, from the U Arena or from the D914, their transparency opens the school's common spaces to the outside world and "lets passers-by see" the school's life. Oriented towards La Défense, these openings give

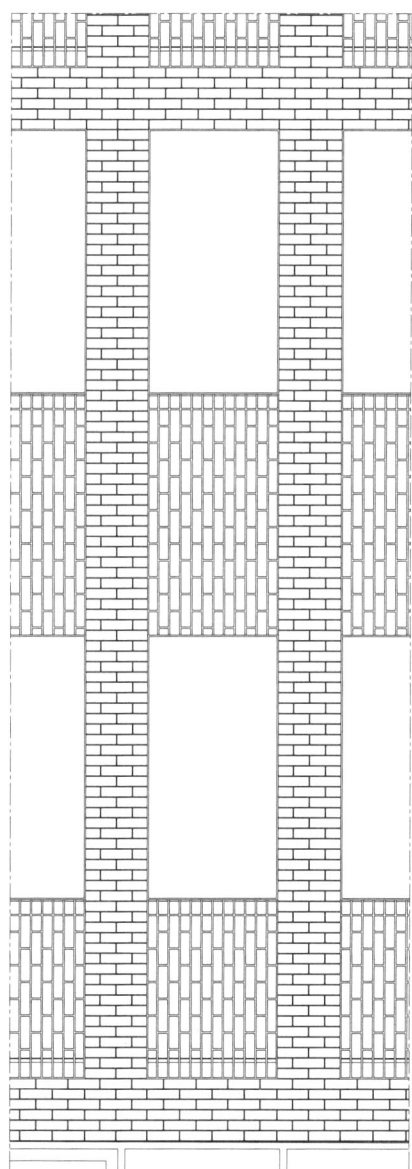

a direct view of the park of the Puteaux cemetery, which the building overlooks. At night, the relationship is reversed and this diaphaneity between the school and the city enlivens the new Aimé Césaire urban boulevard.
The organization of the interior spaces was designed to encourage and promote interaction between students, teachers and administrative staff. To this end, particular attention was paid to the circulation routes, which are as important as the spaces they serve. Their staging transforms the routes – especially the vertical ones – into an experience that reveals the life of the school.
Directly associated with the classrooms, the double-height rooms are dedicated to computer self-service. Extended by accessible terraces that open onto the city, they become meeting and exchange places for all users.
By grouping the programs on two levels, the school takes the form of a vertical campus, where the full space (classrooms, agora, social room, etc.) participates as much as the empty space (corridors, staircases, terraces) in the increase of exchanges.
A typical floor includes classrooms, computer rooms, a teaching space for teacher-researchers and an opening onto the computer self-service area located in the double-height common space. The 2/3 ratio chosen for the classrooms is ideal to accommodate the different types of teaching.
The school functions on two levels where the mixed programming allows for greater flexibility of use.

Depuis le boulevard Aimé Césaire
From Aimé Césaire Boulevard

Salle de classe
Accueil
Classroom
Secretariat

106

PROJET
Paris XI
Bureaux

PROJECT
Paris XI
Offices

Vue aérienne du 47 rue Popincourt
Aerial view of 47 rue Popincourt

HISTOIRE D'UNE MUTATION URBAINE

Après la Première Guerre mondiale, l'essor de l'automobile crée un nouvel archétype architectural : l'hôtel pour automobiles. Paris voit alors la construction de nombreux "Grands Garages" modernes en béton, optimisés et réplicables. 70 ans plus tard, 65% des ménages parisiens n'ont plus de voiture, transformant ces garages en opportunités. Leur architecture neutre et générique facilite l'adaptation à de nouveaux usages. Le 47 rue Popincourt illustre la transformation d'un parking en espace de travail et de vie.

HISTORY OF AN URBAN MUTATION

After World War I, the rise of the automobile created a new architectural archetype: the automobile hotel. Paris then saw the construction of numerous modern "Grand Garages" in concrete, optimized and replicable. Seventy years later, 65% of Parisian households no longer own a car, transforming these garages into opportunities. Their neutral and generic architecture facilitates adaptation to new uses. 47 rue Popincourt illustrates the transformation of a parking garage into a workspace and living area.

CLIENT
SCI LE BUREAU
BUDGET
1.7 M€ HT
SURFACE/AREA
700 M²
CALENDRIER/CALENDAR
2016-2019

HISTOIRE D'UNE MUTATION URBAINE – La partielle réhabilitation et transformation d'un garage-parking et sa surélévation par une construction en bois sont devenues une occasion unique pour questionner la manière de travailler de LAN, et plus largement celle de l'architecte aujourd'hui, afin de la faire éventuellement évoluer. Toutes les thématiques chères au travail de l'agence ont été abordées : la densification, l'intégration urbaine, la création d'un environnement évolutif, la prise en compte de toutes les échelles, de la ville à la vaisselle, du travail sur la matière au dessin de mobilier et d'environnements spécifiques.

Au lendemain de la Grande Guerre l'automobile se banalise, son succès rapide et spectaculaire s'accompagne de l'apparition d'un nouvel archétype architectural : l'hôtel pour automobiles, plus tard appelé garage ou parking.
Les années 1920 - 1939 assisterons à une vague de construction de « Grand Garage » à Paris. Avec le cinéma ou l'aérogare, le garage-parking est l'un des programmes modernes par excellence : un édifice à plusieurs étages, en béton armé et caractérisé par une desserte en rampe. Sa forme est rationalisée à l'extrême : élémentaire, techniquement et économiquement optimisée, potentiellement répétitive et duplicable à l'infini. Les valeurs du progrès moderniste s'incarnent à travers ces édifices et le 47 rue Popincourt fait partie de cette vague.
70 ans après environ, 65 % des ménages parisiens n'ont plus de voiture et les garages-parkings ont perdu progressivement de leur utilité pour devenir de nouvelles opportunités foncières.
Par leur essence « …c'est cette absence de programme, ce caractère neutre et générique qui permet de les appréhender en tant que structures ouvertes, capables, tel un « contenant » possible, voire idéal, de l'indécision programmatique et de l'évolution permanente des usages… », ces architectures deviennent aujourd'hui un des territoires privilégiés des évolutions urbaines.
Le garage du 47 rue Popincourt a suivi la mutation génétique de Paris. L'immeuble parking a été transformé un immeuble de bureaux. Un nouveau cycle commence maintenant : le bâtiment a été colonisé par les architectes, qui depuis toujours ont une passion pour le « reclassement typologique des espaces ».
La démonstration de la flexibilité de la typologie parking-garage est très lisible ici : avec la simple rénovation d'un escalier et la mise en place d'un ascenseur, le changement de destination a été effectif, et en très peu de temps chaque étage a trouvé son preneur : une superette au rdc, un coworking au 1er étage, deux agences d'architecture au 2e et une autre au 3e.
Chacune des parties de l'immeuble a été réhabilitée et aménagée par son nouvel occupant. L'espace propre à LAN va du 3e au 5e étage de l'immeuble. Tandis que l'étage plus bas a été traité de la manière la plus neutre possible afin de constituer une réserve pour les besoins futurs, le véritable projet de l'agence se développe au 4e et 5e étage et prend la forme d'une architecture superposée a l'immeuble.
La partie du bâtiment construite en 1985 a été démolie (à l'exception du plancher et les murs périphériques) pour laisser la place au nouveau projet sur deux niveaux : le dessin du premier suit la logique de l'espace servi et de l'espace servant, il s'agit d'un plateau bordé d'espaces fonctionnels qui permettent de reconfigurer le vide. Le deuxième est un péristyle autour d'un patio, couronné par un toit - jardin.

Façade sur rue Popincourt (projet, 2019)
Facade on rue Popincourt (project, 2019)

ARCHITECTE / ARCHITECT
LAN ARCHITECTURE
STRUCTURE / STRUCTURE
BATISERF

HISTORY OF AN URBAN MUTATION — The partial rehabilitation and transformation of a parking garage and its elevation by a wooden construction became a unique opportunity to question LAN's way of working, and more broadly that of the architect today, to make it evolve.

All the themes dear to the agency's work were addressed: densification, urban integration, the creation of an evolving environment, the consideration of all scales, from the city to the tableware, from the work on materials to the design of furniture and specific environments.

In the aftermath of the Great War, the automobile became commonplace, and its rapid and spectacular success was accompanied by the appearance of a new architectural archetype: the hotel for cars, later called a garage or a car parking. The years 1920-1939 saw a wave of "Grand Garage" construction in Paris. Along with the cinema or the airport terminal, the garage-park is one of the most modern programmes: a multi-storey building made of reinforced concrete and characterised by a ramped access. Its form is rationalised to the extreme: elementary, technically and economically optimised, potentially repetitive and infinitely duplicable.

The values of modernist progress are embodied in these buildings and 47 rue Popincourt is part of this wave.

About 70 years later, 65% of Parisian households no longer have a car, and the parking garages have gradually lost their usefulness and become new land opportunities.

By their very nature "...it is this absence of a programme, this neutral and generic character that allows them to be understood as open structures, like a possible, even ideal "container", of programmatic indecision and of the permanent evolution of uses...", these architectures are today becoming one of the privileged territories of urban evolution. The garage at 47 rue Popincourt has followed the genetic mutation of Paris. The parking building has been transformed into an office building. Now a new cycle begins: the building has been colonised by architects, who have always had a passion for the "typological reclassification of spaces".

The flexibility of the parking-garage typology is clearly demonstrated here: with the simple renovation of a staircase and the installation of a lift, the change of use was effective, and in a very short time each floor found its tenant: a supermarket on the ground floor, a coworking space on the first floor, two architecture agencies on the second and another on the third. Each part of the building has been renovated and fitted out by its new occupant.

LAN's own space runs from the third to the fifth floor of the building. While the lower floor has been treated as neutrally as possible to create a reserve for future needs, the agency's real project develops on the fourth and fifth floors and takes the form of an architecture superimposed on the building. The part of the building from 1985 was demolished (except for the floor and the peripheral walls) to accommodate the new two-storey project: the design of the first level follows the logic of the served and serving spaces, it is a plateau bordered by functional spaces which allow the reconfiguration of the void. The second is a peristyle around a patio, crowned by a roof garden.

Façade sur rue Popincourt (1979)
Facade on rue Popincourt (1979)

Salle Diego
Diego room

La terrasse
The terrace

Salle Frida
Frida room

PROJET
Strasbourg
Îlot Saint-Urbain : 179 logements, hôtel, bureaux et commerces

PROJECT
Strasbourg
The Îlot Saint-Urbain: 179 housing units, hotel, offices and retail

L'INTERACTION DES COULEURS

Comment transformer un ensemble immobilier en un lieu de destination ? Insulaire, mais parfaitement connecté au reste de la ville, le projet de l'îlot Saint-Urbain explore la question de l'identité et de la mémoire collective, et y répond par la morphologie et la couleur.
La couleur agit aussi comme fond, comme décor du quotidien et accompagne les interactions sociales et vivantes des habitants comme des passants.

THE INTERACTION OF COLORS

How to transform a real estate complex into a destination? Insular but perfectly connected to the rest of the city, the project for the Îlot Saint-Urbain explores the question of identity and collective memory and responds to it through morphology and color. Color also acts as a background, as a setting for everyday life and accompanies the lively social interactions of inhabitants and passers-by.

CLIENT
ADIM EST
BUDGET
37 M€ HT
SURFACE / AREA
21 542 M²
CALENDRIER / CALENDAR
2015-2021

TRAME ET COULEUR — Dernier terrain libre de la ZAC Étoile, l'îlot Saint-Urbain campe une situation particulière pour la ville de Strasbourg. À la fois lien majeur entre le centre-ville et le quartier Neudorf, il est, à l'échelle régionale, devenu l'un des piliers du projet d'urbanisation « Deux Rives » étendu jusqu'à Kehl en Allemagne. Son aménagement est donc stratégique, il cristallise l'ambition urbaine de la nouvelle Eurométropole. Le site abritera un programme immobilier mixte de 21 500 m², comprenant 179 logements, un hôtel, des bureaux et des cellules commerciales. Conçu comme une seconde centralité à l'intersection de morphologies et de systèmes formels variés, l'aménagement de l'îlot doit apporter une réponse aux questions d'échelle, de densité et de typologie en opérant une synthèse. Il doit trouver une connexion avec le patrimoine historique alsacien en instaurant une véritable continuité sur un terrain entouré de multiples vides (une avenue, une place, un cimetière, un parc, ou encore une route). Il n'est pas question de reproduire le tissu vernaculaire du centre, ni d'emprunter la logique des îlots de la ZAC Étoile, mais plutôt de proposer une autre figure urbaine, s'inscrivant dans la continuité des différents tissus existants tout en étant capable de créer une singularité, mettant à profit le caractère insulaire du site. Sept parallélépipèdes, dont cinq sont dressés sur l'avenue, bordent le cimetière, le parc de l'Étoile et la place Dauphine ; et définissent ainsi le vide par le plein. En résultent deux espaces publics : l'entrée du cimetière et la cour de l'hôtel, au pied d'une tour, que l'activité des immeubles alentours sera en mesure d'animer. Implantée au milieu de deux réserves végétales et à proximité du canal Rhône-Rhin, l'opération transpose les avantages des maisons de ville – urbanité, végétation et indépendance – à l'aménagement de logements collectifs. Cependant, le passage parfois trop radical entre espace public et espace privé impose la vigilance, et particulièrement dans des espaces d'une telle linéarité. Des nuances sont donc mises en œuvre et se lisent dans la définition des parcours, de l'échelle et de la façade. Le dessin des espaces extérieurs met en scène le végétal comme un support écologique ; il est dense, peuplé d'arbres à haute tige, des trembles élancés, et de plantes de sous-bois, des fougères et des mousses.

La continuité du front urbain est marquée par des décalages, des retraits, des ouvertures et des respirations. La hauteur des immeubles varie selon le programme accueilli. Mais la forme d'une ouverture, le rythme d'une composition, le rapport du vide au plein, la trame sont capables d'effacer typologie et échelle. Considérée comme le plus petit dénominateur commun, la fenêtre unifie l'ensemble du quartier, se moquant de renseigner sur sa fonctionnalité mais préférant se dévouer entièrement à la ville. En outre, l'utilisation d'un seul dessin de façade, d'une seule ouverture pour couvrir la totalité du projet, présente un avantage non négligeable sur l'optimisation des coûts. À la simplicité du plan et du dessin de façade s'oppose un travail riche et minutieux sur la chromie. L'utilisation de la couleur permet d'augmenter la lisibilité du quartier. Elle aide en premier lieu à définir la profondeur depuis la place ou le parc. Elle renforce à la fois l'identité de Saint-Urbain et celle de Strasbourg, la ville des mille couleurs. Enfin, elle facilite l'identification et l'appropriation des habitants et fait de l'îlot un signal. De loin, cet ensemble apparaîtra comme un tableau vivant.

Façade sur la route de Vienne
Facade on route de Vienne

ARCHITECTE / ARCHITECT
LAN ARCHITECTURE
ARCHITECTE CO-TRAITANT / CO-CONTRACTING ARCHITECT
TOA
STRUCTURE / STRUCTURE
CTE
FLUIDES / M.E.P.
ILLIOS
HQE / HEQ
ARCHIMED

THREAD AND COLOR – Occupying the last stretch of open ground in the Étoile development zone, the Îlot Saint-Urbain occupies a special place in the city of Strasbourg. At once a major link between the downtown and the Neudorf neighborhood, at the regional level it has become one of the cornerstones of the Deux Rives development project, which stretches all the way to Kehl in Germany. Its strategic location summarises the urban ambitions of the new Euro-metropolis. The site will host a 21 500 m² mixed-use program including 179 housing units, a hotel, offices, and retail spaces. Conceived as a second city center at the intersection of different morphologies and formal systems, the block's development confronts issues of scale, density, and typology, ultimately providing a sense of synthesis. It relates to Alsatian architectural heritage by establishing a sense of continuity on a site surrounded by multiple empty spaces (an avenue, a square, a cemetery, a park, and a roadway).

The aim is not to reproduce the style of the city center's urban fabric, nor follow the logic of the other blocks in the Étoile development zone; it is to invent a new form that manages to extend these urban experiences and create a sense of singularity that best exploits this insular geography.

Seven parallelepipeds, five of which face the avenue and border the cemetery, the parc de l'Étoile and the place Dauphine. Thus, empty spaces are defined by using full ones. It results in two public spaces: the entrance to the cemetery and the hotel courtyard at the foot of a tower, which the life of the surrounding buildings will invigorate. Located between two environmental reserves and close to the Rhone-Rhine canal, the project applies the advantages of city houses (urbanity, greenery, and independence) to the development of collective housing units. However, care must be taken not to make the transition from public to private space too radical, especially in such linear spaces. Therefore, a sense of nuance was brought to the definition of pathways, the facade, and overall scale. The design of the exterior spaces highlights the greenery as an environmental support: it is dense, populated with tall trees, slender aspens, and an extensive canopy of plants, ferns, and mosses.

The continuity of the urban front is marked by offsets, inserts and openings. The height of the buildings varies according to their functional program, but the shape of an opening, the rhythm of a composition, the relationship between full and empty spaces, and the framework erase any sense of typology or scale.

As the lowest common denominator, the window unifies the entire neighborhood, transcending its functionality to offer itself entirely to the city.

Furthermore, the use of one single design for the facade and one sole opening for the entire project is partially inspired by the non-negligible contribution of such repetition to costs optimization. The simplicity of the floor plan and the facade in their design is counterbalanced by extensive and meticulous work with colors. It's use increases the readability of the neighborhood. It remarks its depth when seen from the square or the park. It supports the identity of both Saint-Urban and Strasbourg, the city of a thousand of colors. Color facilitates identification and appropriation by the inhabitants and transforms the block into a landmark. From a distance, this ensemble will resemble a "tableau vivant".

Matrice des façades
Matrice of facades

Faille côté parc de l'Étoile
Parc de l'Étoile from the courtyard

Hall d'entrée
Entrance hall

PROJET
Saclay
Campus étudiant : 899 résidences

PROJECT
Saclay
Student campus: 899 residences

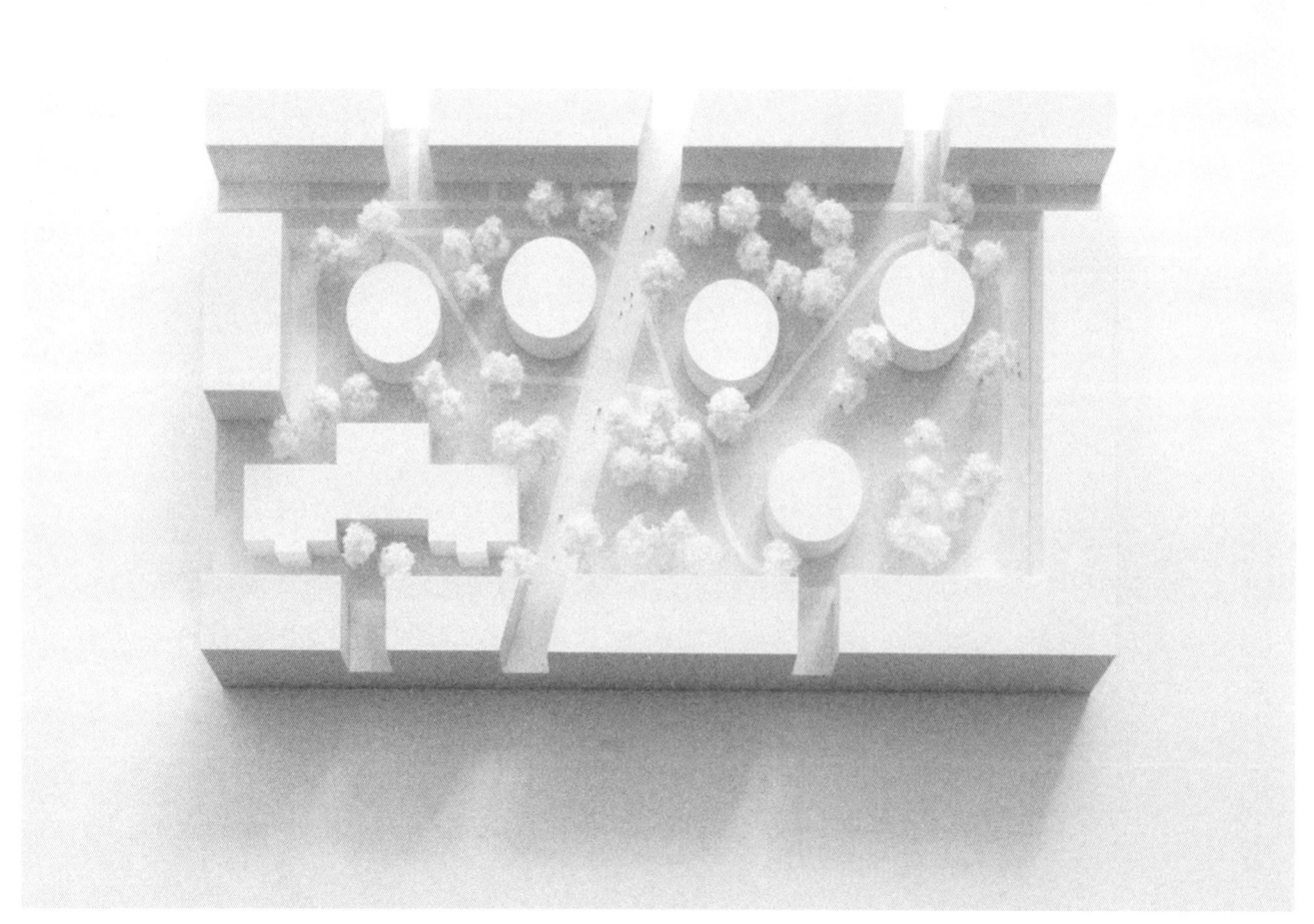

MORPHOLOGIES NOUVELLES

Constitué de huit bâtiments de hauteurs variables au sein d'un parc arboré, le projet s'attache à créer des porosités entre la résidence étudiante et le quartier de Moulon. Les ouvertures, les limites et les circulations libres entre les différents espaces publics et privés traduisent l'ambition de fusionner un quartier de ville et un campus au sein d'un même territoire, afin de sortir des situations existantes de grandes enclaves universitaires déconnectées des centres-villes.

NEW MORPHOLOGIES

Consisting of eight buildings of varying heights within a wooded park, the project aims to create porosities between the student residence and the Moulon district. The openings, boundaries and free circulation between the different public and private spaces reflect the ambition to merge a city district and a campus within the same territory, in order to transform the existing situation of large university enclaves disconnected from the city centers.

CLIENT
LINKCITY
BUDGET
43 M€ HT
SURFACE / AREA
25 346 M²
CALENDRIER / CALENDAR
2015-2017

HISTOIRE D'UN PARC – L'hybridation entre une idée abstraite et la réalité physique constitue l'une des principales tâches de ceux qui pensent que la ville ne peut se résumer à une collection d'objets autonomes. Parce qu'un réseau d'espaces publics diversifiés se conjuguera toujours au paysage existant, le projet urbain du quartier du Moulon, situé au cœur du plateau agricole de Saclay, est une démonstration exemplaire de cette articulation entre géométrie et géographie. Son identité est construite à travers la définition de ses vides, qu'ils soient préexistants ou une création nouvelle. S'appropriant cette logique, le développement des îlots B6, B7 et B8 – première phase de construction de logements étudiants dans le partie ouest du quartier – est l'occasion de concilier ville et nature, architecture nouvelle et paysage existant à travers la mise en place d'une solution formelle radicale : densifier la périphérie de ce vaste ensemble pour créer un véritable parc en son centre.

Appréhendé dès lors comme une figure urbaine homogène, « l'îlot B » se définit par un sol commun, un parc habité et poreux qui favorise les échanges entre les différents espaces publics du quartier, anciens et nouveaux. Connecté au mail Joliot Curie, au carré des sciences et à l'école Supélec, il assure également la continuité du tissu végétal entre le parc du Moulon et le jardin écologique. Des arbres à haute tige, des trembles élancés, des plantes de sous-bois, des fougères et des mousses y génèrent intimité, fraîcheur et calme. C'est un lieu protégé que les étudiants traversent pour se rendre chez eux. Il génère des séquences, apporte des nuances à l'habituelle dichotomie entre l'espace public de la rue et celui privé du logement. Le passage de l'un à l'autre emprunte des formes plus hybrides grâce au végétal.

Le logement étudiant impose l'exactitude de la mesure : sur une surface de 18,45 m², il doit être polyvalent pour satisfaire des exigences particulières, tout en répondant à un modèle universel d'existence minimale. Si les enjeux de ce programme sont invariables, mettre en place un parc d'environ 8 500 m² – dont plus de la moitié est en pleine terre – ouvre un vaste champ d'exploration pour cette forme d'habitat. Dédensifier l'espace pour octroyer de la place à la nature pousse à inventer une architecture qui puisse s'y fondre. Au total, 70% du programme est logé dans les bâtiments périphériques, le reste est hébergé au cœur du parc, dans des résidences de plus petit gabarit. Alors que les bâtiments qui cerclent l'îlot développent un mode de vie urbain dans une géométrie assez conventionnelle – les T1 présentent un plan classique mais une organisation en grappes et des salons d'étage garantissent une qualité de vie supérieure –, les résidences du parc explorent d'autres qualités d'usage grâce à une géométrie moins ordinaire. Puisant dans l'imaginaire pittoresque de l'art des jardins et privilégiant l'agrément et la sensibilité, cinq cylindres forment une série de folies sans orientation ni hiérarchie qui ponctuent le parcours du promeneur. En accroissant le linéaire de façade par studio, cette géométrie curviligne permet d'imaginer un habitat plus innovant et confortable en identifiant clairement un espace jour et un coin lit. Enfin, pour participer pleinement à l'image sensible des lieux, le traitement de façade de chacun des cylindres est conçu en collaboration avec un plasticien, pour que l'enveloppe devienne un espace de narration à part entière.

ARCHITECTE / ARCHITECT
LAN ARCHITECTURE
PAYSAGE / LANDSCAPE
TOPOTEK
ARCHITECTE ASSOCIÉ
/ ASSOCIATE ARCHITECT
VERGERLY
HQE / HEQ
FRANCK BOUTTÉ
SÉCURITÉ INCENDIE ET ACCESSIBILITÉ
/ FIRE SAFETY AND ACCESSIBILITY
EPDC
SIGNALÉTIQUE / SIGNAGE
UNDO REDO

THE STORY OF A PARK – The hybridising of an abstract idea and physical reality is one of the main tasks for anyone who believes that a city cannot be summed up as a collection of separate, independent objects. To combine a web of diversified public spaces with the existing landscape, the urban development project for the Moulon neighborhood, located at the heart of the Saclay agricultural plateau, is an exemplary demonstration of this articulation between geometry and geography. Its identity is constructed by defining its empty spaces, both those already present and those to be created. Following this logic, the development of blocks B6, B7, and B8, the first construction phase of student housing in the Western portion of the neighborhood, is an opportunity to reconcile city and nature, new architecture, and landscape through a radical formal solution: the periphery of this large ensemble will be rendered denser to create a park at its center.

Understood as a homogenous urban configuration, "Îlot B" is defined by its common ground, an inhabited, porous park that encourages interactions between the different public spaces in the neighborhood , both old and new. Connected to the Joliot Curie mall, the science square, and the Supélec school, it also ensures the continuity of green space between the parc of Moulon and the eco-park. Tall-stemmed, slender aspens, as well as underbrush, ferns, and moss create a sensation of intimacy, freshness, and quietness. This is a protected space traversed by students as they come home. It generates sequences and adds nuance to the usual dichotomy between the public space of the street and the private space of one's home. The transition from one to the other takes on more hybrid forms thanks to the greenery. The student housing requires an exactness of scale. In an area of 18,45 m² per unit, it must be multi-functional to meet specific needs while also conforming to a universal model of minimal living requirements. Although the goals of this program are unchangeable, creating a park of roughly 8 500 m², more than half of which is open ground, opens many possibilities for exploring this form of habitat. Thinning out the space to grant more of a place for nature enabled the creation of an architecture that seeks to blend into it. In all, 70% of the program consists of buildings lying at the periphery. The rest lies at the park's center in the form of small-scale residences. The buildings that ring the block develop an urban mode of living that uses a rather traditional geometry; the T1 buildings are built according to a conventional layout, but their organization into clusters and upstairs sitting rooms guarantee a higher quality of life. The park residences instead explore other usage qualities through a less typical geometry. Five cylinders, powerful emblems in the picturesque imagination of garden art privilege a sense of charm and sensitivity. They form a series of capriccios without any sense of direction or hierarchy that punctuate people's walks through the park.

By enhancing the linearity of the facade of each studio, a curved geometry creates a more innovative and comfortable habitat that clearly delineates a day area and a sleeping space. Lastly, to participate fully in the perceptible image of the place, the treatment of the facade of each cylinder was designed in collaboration with a visual artist so that the envelope could become a narrative space of its own.

Panneau en béton des façades des résidences
Concrete panel of residences facades

Cœur de l'îlot
Center of the block

Porche d'entrée
Entrance porch

Détail de la façade
Detail of the facade

Depuis le parc
From the park

PROJET
Rennes
Centre d'incendie et de secours
et Direction départementale
des services d'incendie et de secours

PROJECT
Rennes
Fire and rescue center and Departmental
Directorate of fire and rescue services

Vue sur la Vilaine
Facing the Vilaine river

ARCHITECTURE TERRITORIALE

Le service départemental d'incendie et de secours suit et définit le bord de la Vilaine sur 180 mètres. Son implantation et ses dimensions soulignent la volonté claire d'une architecture vouée d'une part à organiser le caractère logistique du site, et d'autre part à le contenir pour qu'il ne soit pas visible depuis l'espace urbain. C'est une architecture qui marque l'entrée de ville et dont le traitement de façade s'inscrit dans les architectures institutionnelles de la ville de Rennes.

TERRITORIAL ARCHITECTURE

The departmental fire and rescue service follows and defines the banks of the Vilaine for 180 meters. Its location and dimensions underline the clear desire for architecture designed to organize the logistical character of the site and at the same time to contain it and avoid its view from the urban space. It is an architecture that marks the entrance to the city and whose facade treatment is in line with the institutional architecture of the city of Rennes.

CLIENT
CONSEIL GÉNÉRAL D'ILLE ET VILAINE
BUDGET
14,3 M€ HT
SURFACE / AREA
**8 510 M² BÂTIMENT / BUILDING
9 468 M² AMÉNAGEMENT EXTÉRIEUR
/ EXTERIOR DESIGN**
CALENDRIER / CALENDAR
2014–2021

SYMBOLE ET ENTRÉE DE VILLE — Envisager dès sa conception l'adaptabilité d'un équipement technique quand ses exigences fonctionnelles ont tendance à éclipser ses qualités architecturales peut relever d'un doux idéal. Pourtant, il existe des situations programmatiques et urbaines où la faculté de modification d'un bâtiment présente un intérêt certain. La relocalisation du Service départemental d'incendie et de secours d'Ille-et-Vilaine (SDIS 35) sur les berges de la Vilaine à Rennes fait partie de celles-ci. Implanté sur la rive droite dont le front urbain doit être renforcé, et faisant face à la plaine de Baud devenue ZAC au sud du fleuve, le nouveau SDIS 35 fait figure de prototype, annonciateur de constructions et d'usages à venir. L'équipement, qui adjoindra une caserne de pompiers aux bureaux de la direction départementale des services d'incendie et de secours (DDSIS) existants sur site, est l'occasion d'optimiser le fonctionnement de la structure et de définir l'identité du futur quartier. Dès lors, sa présence architecturale est un enjeu à la hauteur de ses exigences fonctionnelles. Parce qu'elles ne sont pas figées pour répondre à l'évolutivité constante de l'institution, ces dernières deviennent d'ailleurs un ressort d'invention.

Le nouveau SDIS assume sa radicalité formelle car elle libère, derrière une enveloppe unificatrice, l'habitabilité de l'intérieur. Des modules de 1,35 m de large – soit la moitié d'un module de bureau – percés de trois fenêtres standard de 60 x 100 cm, enveloppent la structure poteaux-poutres. Chaque salle dispose ainsi d'un minimum de six fenêtres : deux en partie basse, deux à hauteur d'assise et deux à hauteur de vue. Recouvrant indifféremment bureaux, locaux d'hébergement ou encore salles de sports, ce dispositif facilite la reconfiguration intérieure du bâtiment.

C'est la manipulation d'un cahier des charges hors normes qui a permis une telle rationalité : quand le programme bâti du SDIS nécessite quasiment 3 900 m² d'emprise construite, le vide nécessaire au stationnement et aux manœuvres en représente plus de 11 700. Habilement mis en forme, ce ratio plein/vide inversé permet de ne pas sacrifier l'urbanité des berges aux considérations programmatiques. Les espaces bâtis sont regroupés au sein d'un volume franc de deux niveaux, déployé le long de l'avenue François Château, pour concentrer la totalité du fonctionnement viaire à l'arrière du site. Derrière le front urbain, les locaux opérationnels de la caserne (équipe de garde, locaux d'hébergement, garages, etc.) sont installés à la perpendiculaire. Ils divisent ainsi l'aménagement extérieur en deux parties et facilitent les départs en opération : les aires de manœuvres d'un côté, celle de stationnement de l'autre. Une tour de bureaux complète le volume. C'est l'émergence qui annonce celles qui animeront demain le skyline de la ZAC Baud-Chardonnet.

La forme en T permet également d'optimiser la fluidité et la rapidité des circulations à l'intérieur du bâtiment, enjeu d'usage primordial. Le nœud formé par la rencontre des trois ailes du socle et de la tour constitue le cœur fonctionnel du projet. L'ensemble des espaces mutualisés par la caserne et la DDSIS s'articulent autour : hall d'accès, salles de réunion partagées, services de restauration, espaces de convivialité – qui représentent 173 m² de valeur ajoutée au programme – et terrasse plein sud, ouverte sur la Vilaine. Certains de ces espaces disposent d'ouvertures élargies. Le jour, ces façades rideau donnent à voir une intense vie intérieure, alors que la nuit, le jeu de percements transforme le volume en lanterne lumineuse : le bâtiment devient une veilleuse qui témoigne du dévouement permanent des sapeurs-pompiers.

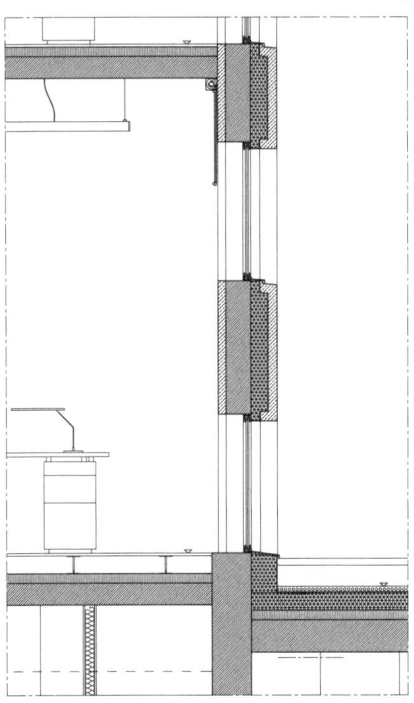

Détail de la façade
Detail of the facade

ARCHITECTE / ARCHITECT
LAN ARCHITECTURE
STRUCTURE / STRUCTURE
FLUIDES / M.E.P.
TERRELL
ACOUSTIQUE / ACOUSTICS
JEAN-PAUL LAMOUREUX
ÉCONOMIE / ECONOMY
BMF
OPC / SPC (SCHEDULING, PILOTING AND COORDINATING)
AUDATIS+SAMUEL BERRÉE

SYMBOL AND CITY ENTRY – To envision a technical installation's adaptability from the get-go when its functional requirements tend to eclipse its architectural qualities may seem too lofty an ideal. Yet, there are urban situations and programs that have a certain interest in providing modifiability. The relocation of the Ille-et-Vilaine provincial fire and rescue service along the banks of the Vilaine in Rennes is one such case. Situated along the right bank, whose urban front needs reinforcement, and facing the Baud plain to the south of the river, now a development zone, the new fire and rescue service is a prototype and harbinger of future constructions and usages. The new facility will integrate a fire station into the provincial fire and rescue services office already present at the site. This offers an opportunity to optimize the fuctioning of this structure and to define the identity of this future neighborhood. As a result, its architectural presence must rise to the challenge of its operating needs. Because these requirements are not fixed to respond to the institution's constant evolution, they become a springboard for innovation. The new fire and rescue service building proudly exhibits its formally radical nature because underneath a unifying envelope, it frees up the habitability of its interior spaces. Modules 1,35 m wide, half an office module, with three standardized 60 x 100 cm windows envelope the post and beam structure. Thus, each room has a minimum of six windows, two below, two at chair height, and two at eye height. This mechanism applies to the offices, the accommodations, and the athletics spaces, thereby facilitating any interior reconfiguration of the building.

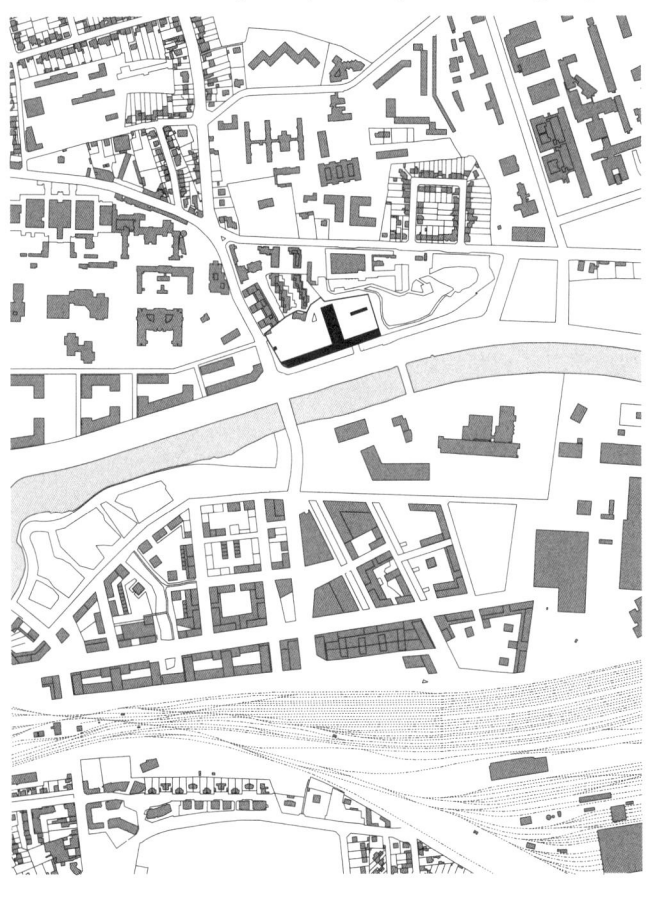

It was the manipulation of a non-standard set of specifications that enabled this rationality. While the fire and rescue service's program required almost 3 900 m² of built space, the empty space needed for parking and moving vehicles takes up more than 11 700 m². This adeptly realized inverse ratio of full to void made it possible not to sacrifice urban quality of the riverbanks to the program's requirements. The built spaces are collected within a sober, two-story volume that sits along the avenue François Château. This concentrates all traffic operations along the rear of the site. Behind the urban facade, the operational areas of the fire station (on-duty staff areas, accommodations, garages, etc.) are installed in perpendicular fashion. The exterior layout is divided into two parts to facilitate departures; manoeuvring areas are on the one side and the parking areas on the other. An office tower completes the volume. It is this emergence that announces the future constructions that will make up the skyline of the Baud-Chardonnet development zone in the future. The "T" shape also helps optimize fluidity and speed of movement within the building, which represents a priority. The core formed by the meeting point of the three axes of the base and the tower represent the project's functional heart. All the spaces shared by the fire station and the fire and rescue service are developed around this core: the entrance, shared meeting rooms, cafeteria services, spaces for socializing (which represent 173 m² of added value for the program) and a terrace facing the Vilaine to the south. Some of these spaces have larger openings. During the day, these curtain facades reveal the intensity of the building's inner life, and at night, the interplay of openings transforms the volume into a luminous lantern. The building thus becomes a sort of nightlight that testifies to the constant vigilance and dedication of firemen.

Plan masse
Masterplan

Depuis l'avenue François Château
From François Château Avenue

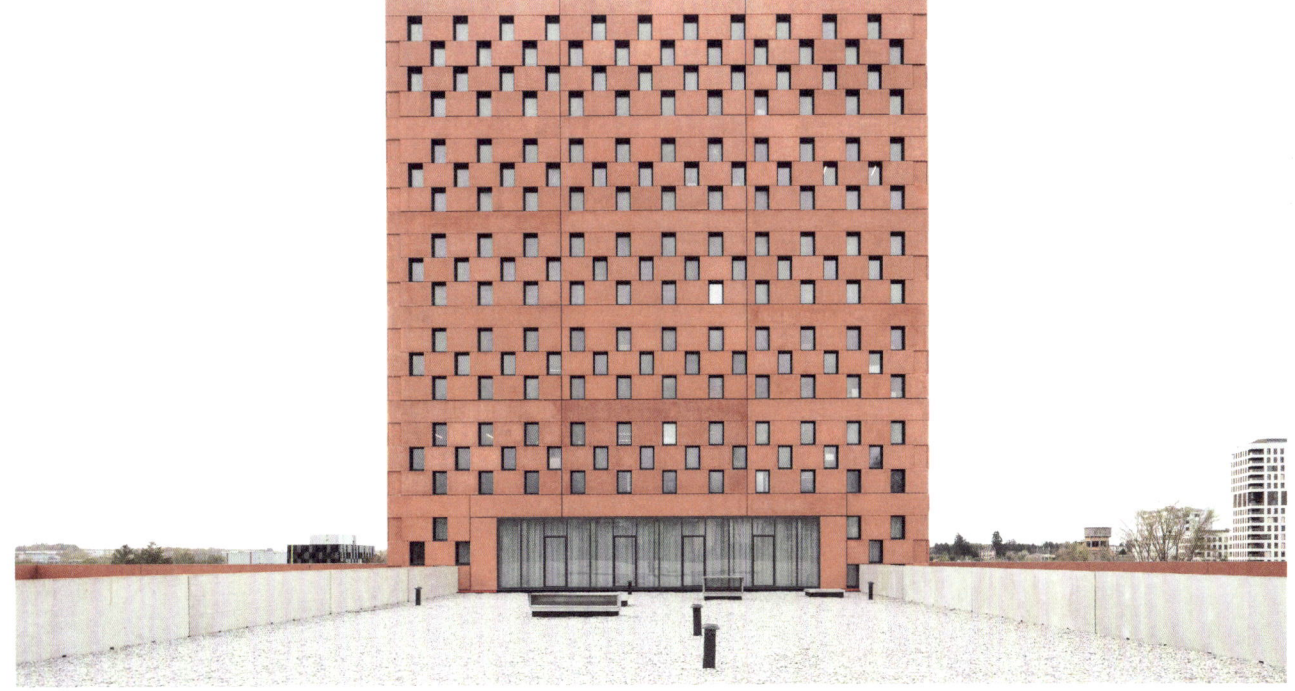

Façade nord-ouest de la tour
North-west facade of the tower

Tour d'entrainement
Training tower

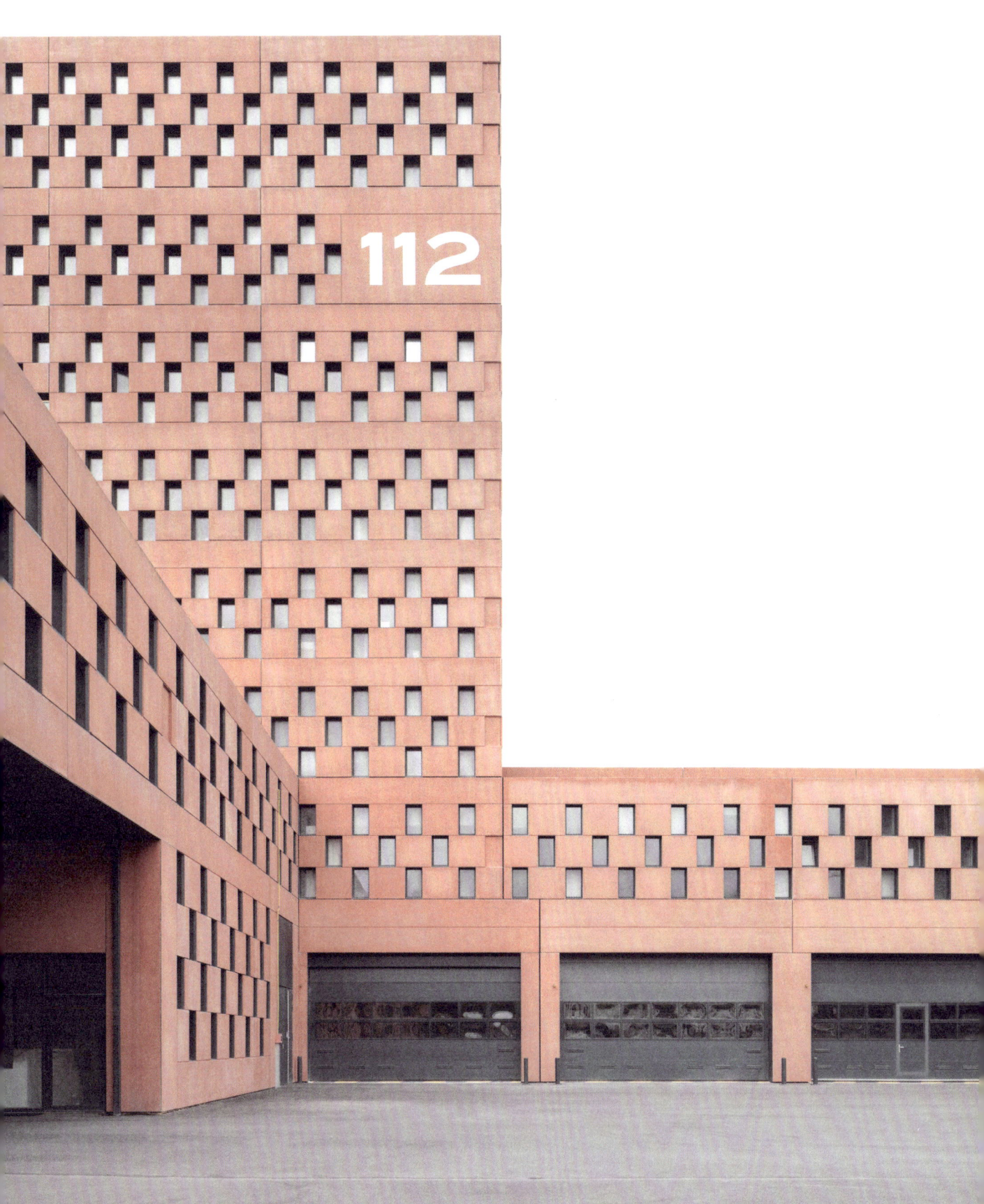

PROJET
Strasbourg
Théâtre du Maillon - Scène européenne

PROJECT
Strasbourg
The Maillon Theater - Scène européenne

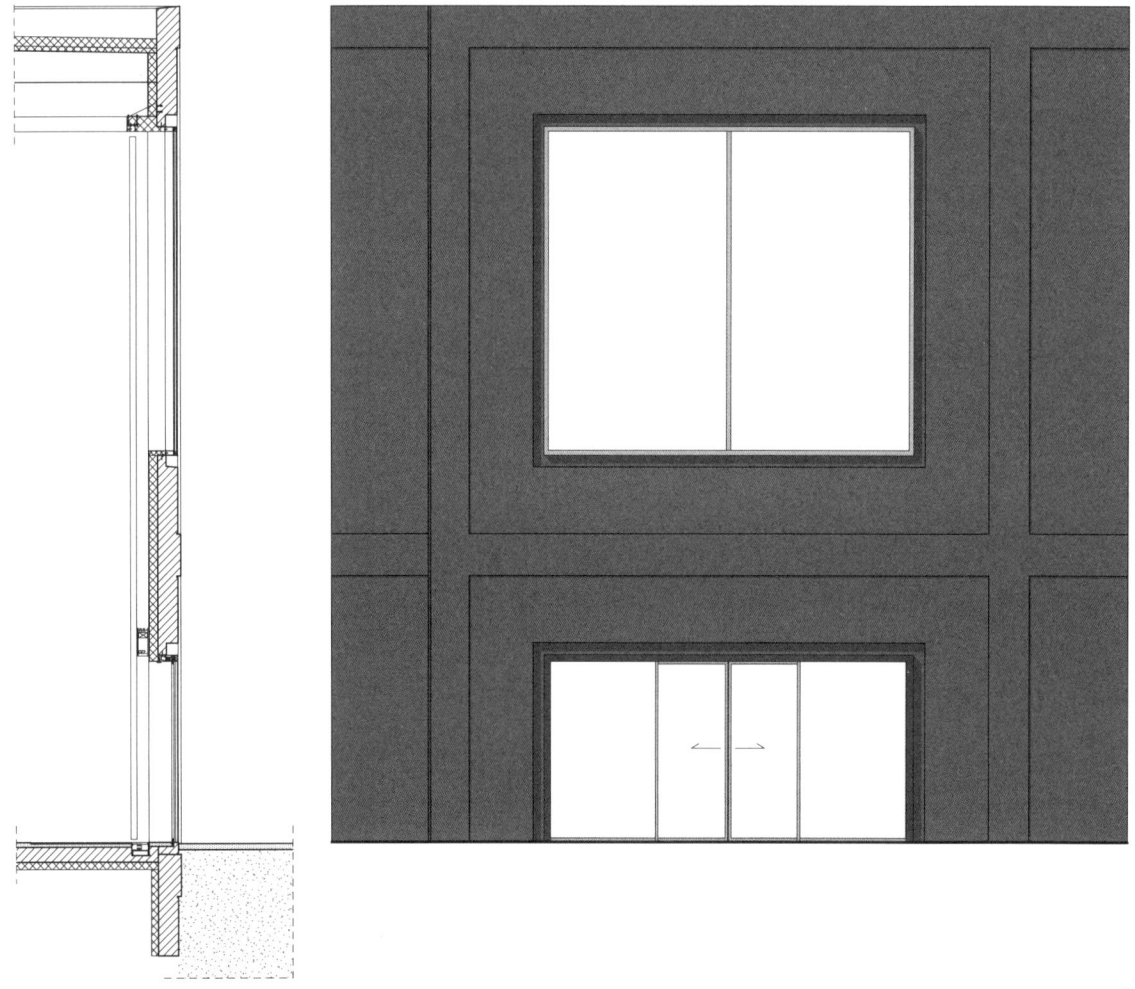

Détail de la façade
Detail of the facade

RÉINVENTION TYPOLOGIQUE

Le nouveau théâtre du Maillon est l'un des premiers théâtres construits dans l'objectif de proposer une scène adaptée au théâtre contemporain, à son imprévisibilité et à sa capacité/nécessité d'utiliser toutes sortes d'espaces. À la composition classique des théâtres à proscenium, le projet substitue l'idée d'un territoire, essentiellement constitué d'espaces libres, qui réinvente les limites entre le théâtre et la ville, entre l'extérieur et l'intérieur, entre le devant et le derrière, entre les artistes et le public.

TYPOLOGICAL REINVENTION

The new Maillon theater is one of the first theaters built with the objective of offering a stage adapted to contemporary theater, its unpredictability and its capacity/necessity to use all kinds of spaces.
The project substitutes the classical composition of proscenium theaters with the idea of a territory, essentially composed of free spaces, that reinvents the boundaries between the theater and the city, between the exterior and the interior, between the front and the back and between the artists and the public.

CLIENT
EUROMÉTROPOLE DE STRASBOURG
BUDGET
20,9 M€ HT
SURFACE / AREA
6 924 M²
CALENDRIER / CALENDAR
2014–2019

ÉQUERRE D'ARGENT 2020
Catégorie Culture, jeunesse et sport
Category Culture, Youth and Sport

CECI N'EST PAS UN THÉÂTRE – L'histoire du Maillon de Strasbourg a débuté dans le quartier de Hautepierre et se poursuit aujourd'hui dans de nouveaux espaces scéniques sur le site du Wacken, déjà occupé par le théâtre depuis 1999. La construction d'un véritable bâtiment doit réaffirmer sa position, enracinée au croisement des arts de la scène et au cœur de la création contemporaine. Les anciennes structures provisoires devaient pallier une situation d'urgence ; elles se sont rapidement faites le porte-voix de ce message au niveau local, national et international. La vocation du Maillon était alors de sortir le théâtre de ses murs et le monde de la scène de sa posture jugée trop élitiste. Si le caractère temporaire du lieu, renouvelé tous les trois ans, pouvait être considéré comme son premier atout ; sa pluridisciplinarité trouvera désormais ses marques dans un territoire constitué essentiellement d'espaces libres, capables de transporter le public d'un endroit à l'autre au cours d'une même représentation.

À l'échelle de la ville, l'équipement articule des éléments majeurs comme le Parlement européen, la Maison de la région ou encore le Parc des expositions, et parachève la définition de l'espace public. L'extrusion initiale de la parcelle, ciselée pour obtenir le volume final – un parallélépipède accueillant les 7 000 m² du programme – précise les abords de l'avenue Schutzenberger ; forme un angle pour la place Adrien Zeller et un signal depuis la rue Jean Wenger Valentin.

À l'intérieur, les circulations tiennent un rôle majeur : elles définissent les espaces sans en contraindre l'évolution. Le vide cristallise le sens d'un lieu du possible

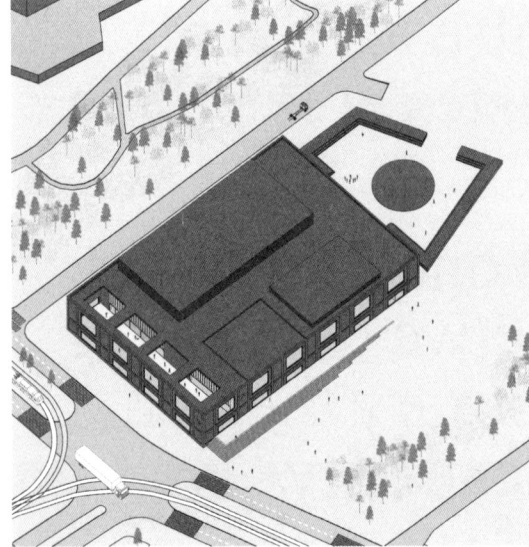

et pour qu'il existe, il faut le définir, le dessiner et le penser. Dans le nouveau Maillon, l'idée d'un territoire essentiellement constitué d'espaces libres, ouverts ou disponibles, se substitue à la composition classique, organisée autour de la triade foyer-salles-logistique. Une trame de 4,60 m, dont le dessin est issu des demandes scénographiques, renforce la flexibilité du programme. Elle forme une charpente conçue pour recevoir n'importe quel type d'aménagement. Ainsi, la cour de livraison se transforme en scène ; le foyer et les cours deviennent des lieux d'exposition ; la petite salle, un espace de convivialité, etc. Positionné sur la trame, le mur définit le statut et le caractère du vide à travers des rapports multiples entre intérieur et extérieur, entrée et sortie, privé et public, vide et plein, ouvert et fermé, jour et nuit, voir et être vu. Il est mobile pour favoriser encore plus la souplesse du plan : sa partie supérieure devient structure, tandis que celle en partie inférieure est constituée d'éléments coulissants, pivotants et démontables.

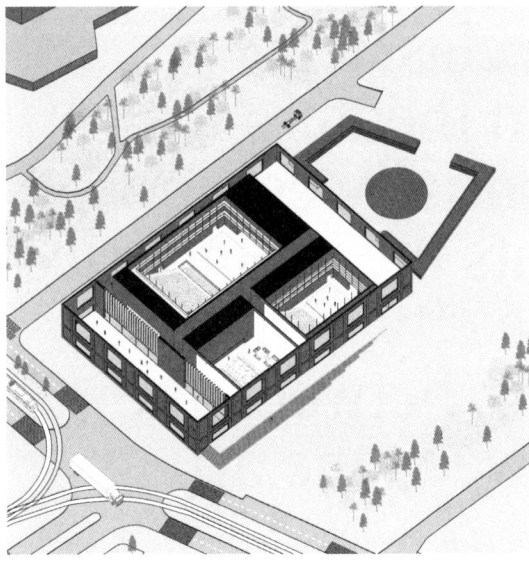

Le volume laisse deviner son intériorité à travers des baies monumentales : un dédale spatial autour duquel s'organisent des cours et des terrasses extérieures diversement plantées. Pour le confort thermique, le projet compte juste ce qu'il faut de chauffage pendant les représentations et très peu d'isolation. Réduire considérablement ce poste a permis de concentrer les efforts sur l'acoustique, la flexibilité ou les dispositifs de murs mobiles. Les quatre façades parfaitement identiques, en béton, forment alors des filtres légers, rythmés par une alternance de pleins et de vides, comme des fenêtres sur la ville. La nuit, elles sont autant de supports diffusant des images colorées faisant de l'architecture un théâtre, une abstraction envahie par la figuration.

ARCHITECTE / ARCHITECT
LAN ARCHITECTURE
STRUCTURE / STRUCTURE
BATISERF
FLUIDES / M.E.P.
TERRELL
HQE / HEQ
FRANCK BOUTTÉ
ACOUSTIQUE / ACOUSTICS
JEAN-PAUL LAMOUREUX
ÉCONOMIE / ECONOMY
BMF
SCÉNOGRAPHIE / SCENOGRAPHY
CHANGEMENT À VUE

THIS IS NOT A THEATER – Le Maillon theater in Strasbourg was first in the Hautepierre neighborhood and moved in 1999 to a new space at the Wacken site, where it still resides today. The building's construction seeks to uphold its position as a pillar of the dramatic arts that remains at the heart of contemporary creativity. The old, temporary structures were built as a workaround for an urgent situation, but they quickly became a local, national, and international landmark.

Le Maillon sought to bring theater out of its own walls and away from a general stance often perceived as too elitist. The temporary nature of the site, which is renewed every three years, is its main asset. The theater's multi-disciplinary approach will now play out in a landscape consisting mainly of open spaces that transport audiences from one space to another within the same performance.

At the level of the city, the facility establishes a dialogue with major landmarks such as the European Parliament, the Alsace Regional Offices, and the Exhibition Center, thereby defining itself as a truly public space. The parcel's initial extrusion was chiselled to obtain the parallelepiped volume that will host the 7 000 m² program. Running along the avenue Schutzenberger, it forms a corner on the place Adrien Zeller and provides a signal from the rue Jean Wenger Valentin.

On the inside, the circulations play a major role: they define the spaces without constraining their future evolution. The empty space distils the sense of possibility

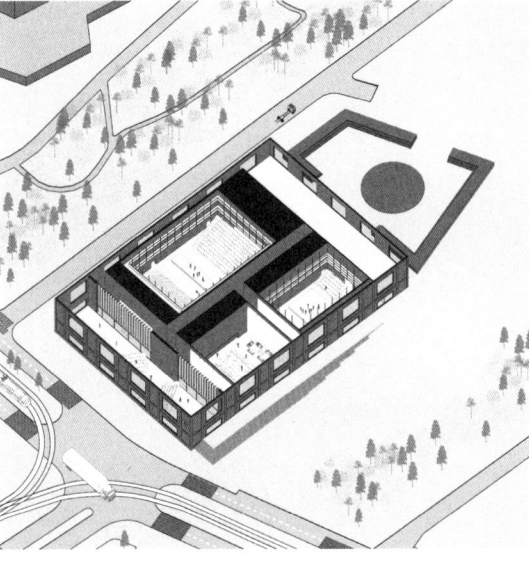

of place and for this to exist, one must define it, draw it, and conceive it. In the new Maillon theater, the idea of a space that essentially consists of open, free, or available spaces replaces the classic composition organized around the triad of hall-theater-logistics area. A 4,60 m frame whose design was a result of the theater's requirements, reinforces the program's flexibility. It forms a structure designed to receive any kind of arrangement. In this way, the delivery hall can be transformed into a stage; the hall and courtyards can become exhibition spaces; the small theater, a social space, and so forth. Positioned along the frame, the wall defines the status and character of the empty space through multiple relationships between interior and exterior, entrance and exit, public and private, full and empty space, open and closed, day and night, seeing and being seen. It is mobile, which further increases the plan's suppleness: its upper portion is structural, while its lower portion is composed of sliding, pivoting, and removable elements.

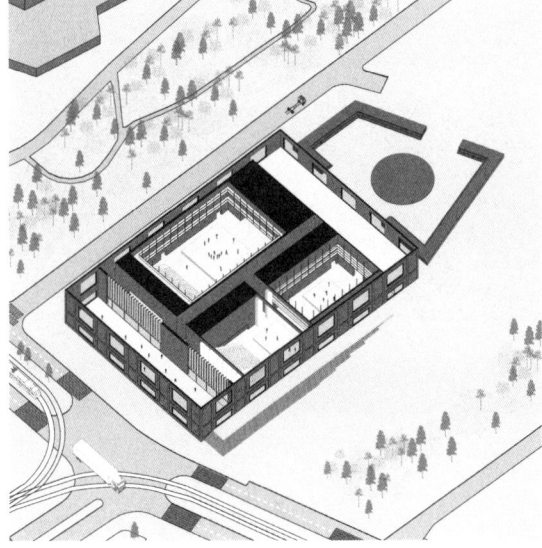

The volume reveals its interiority through monumental windows as a maze around which the differently landscaped courtyards and outdoor terraces are organized. The project creates thermal comfort by using the absolute minimum of heating during performances and very little insulation. Reducing this item allowed us to focus on the acoustics and the flexibility and mechanisms of the mobile walls. The four, perfectly identical concrete facades form light filters punctuated by an alternation of full and empty spaces, like windows on a city. At night, they project colored images that transform the architecture into a kind of theater, an abstraction invaded by representation.

Scénarios d'occupation des lieux vus en axonométrie
Occupancy scenarios in axonometry

Espaces de convivialité
Hospitality area

165

Flexibilité des espaces
Flexibility of spaces

Rue intérieure / Inner street

Hall / Hall Salle de réunion / Meeting room Foyer des artistes / Artists' foyer

Salle modulable
Modular room

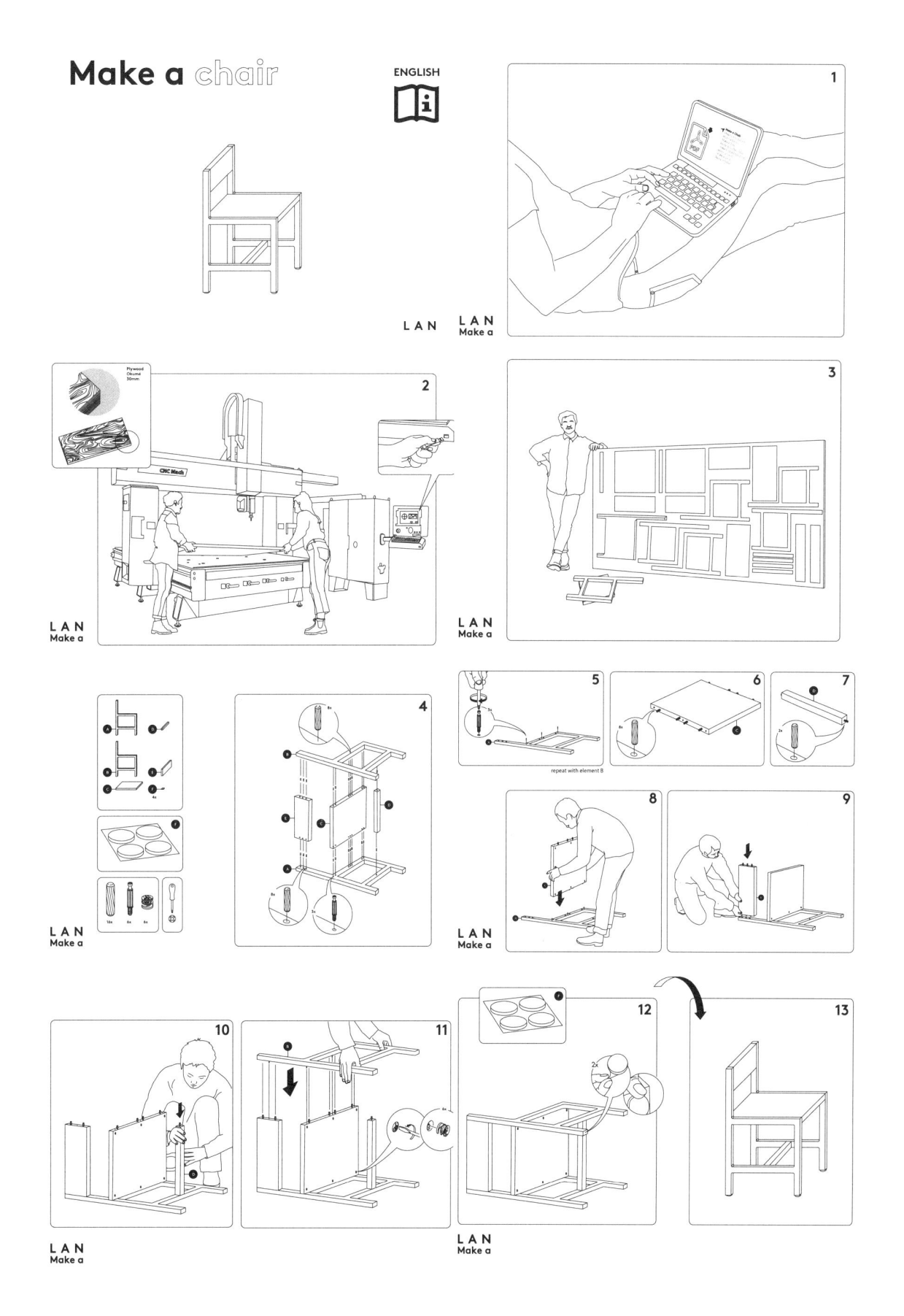

PROJET
Paris VIII
Grand Palais des Champs-Élysées

PROJECT
Paris VIII
Grand Palais of Champs-Élysées

Parvis
Courtyard

172

NI MUSÉE, NI MONUMENT

Le projet de restauration et d'aménagement du Grand Palais est l'occasion de retrouver les traces et les dispositifs qui lui ont permis de rester, en dépit du temps passé, une source d'inspiration.
Ni musée, ni monument, cette architecture légitime une démarche centrée sur l'idée de fabriquer une « machine à culture » qui exalterait de manière exponentielle sa vocation « universelle » et « républicaine ».

NEITHER MUSEUM NOR MONUMENT

The restoration and refurbishment project of Grand Palais is an opportunity to rediscover the traces and adaptable layouts that have enabled it to remain a source of inspiration, despite the passage of time.
Neither a museum nor a monument, this architecture legitimizes an approach centered on the idea of creating a "machine à culture" that would exalt its "universal" and "republican" purpose.

CLIENT
RÉUNION DES MUSÉES NATIONAUX-GRAND PALAIS

BUDGET
155 M€ HT

SURFACE/AREA
69 312 M²

CALENDRIER/CALENDAR
2014

LE POTENTIEL DE LA FORME – Réhabiliter l'existant, c'est l'inscrire dans une temporalité passée, dont il s'agit de révéler les qualités, en même temps que dans un futur à anticiper. Cette inévitable articulation avec le temps est d'autant plus indispensable que l'aura du monument est grande. Celle du Grand Palais, construit pour l'Exposition universelle de 1900, est extraordinaire. Si son réaménagement vise à augmenter sa capacité d'accueil, à optimiser son exploitation et à faciliter l'accès du public, il est surtout l'occasion de renforcer son aspiration à fabriquer une « machine à culture » qui exalterait sa vocation républicaine. Dès lors, le projet doit se construire autour de grandes valeurs comme l'efficacité, la sobriété et la valorisation du patrimoine ; et placer les usages et les usagers présents et à venir - visiteurs autant qu'artistes - au cœur du processus de conception.

De par la complexité des enjeux du réaménagement, la réponse ne saurait se réduire à quelques dispositions spatiales. Invoquant différentes disciplines - restauration, scénographie, génie climatique, etc. -, elle est, au contraire, pensée comme un ensemble cohérent, à même de retrouver l'unité et la fluidité intrinsèques au lieu. À travers l'analyse des situations variées que recèle le Grand Palais, la proposition transforme les contraintes en atouts et conserve les qualités comme autant de ressources à révéler. Ainsi, l'intervention revalorisant les accès Nord et Sud se concentre sur le bâtiment intermédiaire où le square Jean Perrin, nouveau repère à l'échelle urbaine, guide les visiteurs via un parvis ouvert et deux rampes. À l'intérieur, ménageant une transition progressive de la ville aux galeries, la « Grande rue des Palais » organise l'accueil et devient la plateforme de connexion de l'ensemble des manifestations. C'est un volume majestueux, déployé sur plusieurs niveaux. Soulignant l'axe originel Est-Ouest, il donne au public la possibilité d'embrasser d'un seul regard la grande nef et la rotonde du Palais d'Antin. Partant du déambulatoire, un parcours en boucle traverse ensuite le Grand Palais pour mettre en valeur son architecture au moyen de cadrages soignés sur des éléments emblématiques tels que la nef et sa verrière, les surplombs, les pylônes... Enfin, la visite s'achève par une promenade sur les toits, clou du spectacle où Paris s'offre tout entier aux visiteurs. Pour que la mise en scène des qualités du passé s'entremêle avec l'anticipation du futur, le réaménagement du monument est l'occasion de promouvoir une approche plurielle et stimulante de la culture, basée sur l'exploitation du lien entre la présentation d'une œuvre et sa compréhension. La richesse spatiale du Grand Palais permet en effet d'ouvrir de nouvelles possibilités à l'expérience de l'art contemporain et de montrer des œuvres (vidéos, photographies, installations, performances, etc.) qui ont tendance à renvoyer les galeries traditionnelles à leurs limites fonctionnelles. La transformation des Galeries nationales vise ainsi à accueillir ces œuvres ambitieuses et imaginatives en développant une variété de concepts muséographiques, de situations en volumes, en lumières, en matières et en rapport à l'extérieur. Il ne s'agit pas de rendre les espaces d'exposition flexibles, mais plutôt de les considérer comme des événements eux-mêmes en profitant de leurs caractéristiques originelles extraordinaires. Ainsi, c'est fort de l'intelligence de son histoire que le Grand Palais entre dans une nouvelle ère.

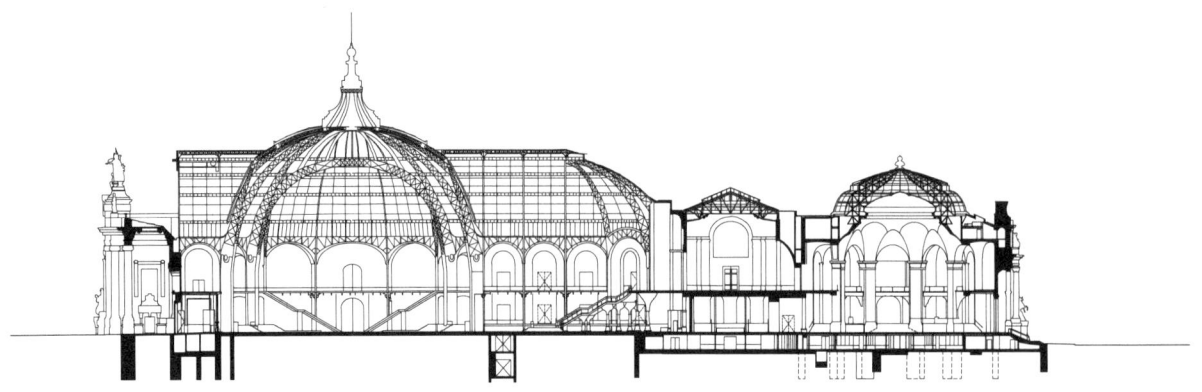

Coupes du projet
Project sections

ARCHITECTE / ARCHITECT
LAN ARCHITECTURE
STRUCTURE / STRUCTURE
FAÇADE / FACADE
FLUIDES / M.E.P.
TERRELL GROUP
STRUCTURE BÉTON / CONCRETE STRUCTURE
BATISERF
PAYSAGE / LANDSCAPE
BASE
HQE / HEQ
FRANCK BOUTTÉ
ACOUSTIQUE / ACOUSTICS
JEAN-PAUL LAMOUREUX
ÉCONOMIE / ECONOMY
BMF
INGÉNIERIE MOBILITÉ / TRANSPORT AND MOBILITY ENGINEERING
SYSTEMATICA
SÉCURITÉ INCENDIE ET ACCESSIBILITÉ / FIRE SAFETY AND ACCESSIBILITY
CASSO
DESIGNER / DESIGNER
MATHIEU LEHANNEUR
OPC / SPC (SCHEDULING, PILOTING AND COORDINATING)
CICAD
SCÉNOGRAPHIE / SCENOGRAPHY
DUCKS SCÉNO
ÉCLAIRAGE / LIGHTING
8'18''

THE POTENTIAL OF THE FORM – To rehabilitate something that is already there means acknowledging and retaining its past while preparing it for the future. This inescapable dialogue with time becomes that much more indispensable the greater the building's aura, and that of the Grand Palais, which was originally built for the Universal Expo of 1900, is extraordinary. Its restoration will do more than simply increase its capacity to host visitors, optimize its use, and facilitate visitor access. It is above all an opportunity to bolster its ambition as a "machine à culture" that exalts its republican vocation. The project must therefore promote values such as effectiveness, sobriety, and the celebration of cultural heritage. It must place present and future usages and users (visitors and artists alike) at the heart of the design process. Given the complexity and challenges of the restoration, the response cannot be reduced to a few spatial rearrangements. By invoking varied disciplines such as restoration, stage design, and climate engineering, the project instead envisions a coherent whole that seeks to restore the site's inherent sense of unity and fluidity.
By analysing the different situations within the Grand Palais, we are able to transform limits into strengths. Its qualities are preserved as resources to be revealed. In this way, the intervention to revitalize the northern and southern entrances focuses on the intermediate building, where the square Jean Perrin, a new urban landmark, guides visitors across an open square and two ramps. Inside, the "Grande rue des Palais", which hosts the main visitor reception area, creates a gradual transition from city to galleries. It becomes a platform that connects to the different exhibitions.
This multi-story volume is nothing short of majestic. With its emphasis on the original east-west axis, it lets the visiting public perceive the main nave and the rotunda of the Palais d'Antin all at once. Beginning with the ambulatory, a circular course then cuts through the Grand Palais, its architecture highlighted through careful framings of emblematic elements such as the nave and its glass structure, the overhangs, and the pylons. The visit concludes with a walk along the rooftop, a highlight for visitors who can see all of Paris from here.
In order for the staging of the building's past to mix with the anticipation of its future, the monument's restoration is an opportunity to promote a pluralist, stimulating approach to culture. This is based on a usage of the site that involves both the presentation of works and their comprehension. The Grand Palais' spatial wealth opens new possibilities for experiencing contemporary art and exhibiting works (videos, photographs, installations, performances, etc.) that tend to push traditionally shaped galleries to their functional limits. Therefore, the transformation of the National Galleries will host ambitious, imaginative works by developing a variety of museographic concepts and situations in terms of volumes, lighting, materials, all in relation to the exterior. It is not so much a question of making the exhibition spaces flexible as considering them events in and of themselves by profiting from their original, extraordinary characteristics. Thus, the Grand Palais will decisively enter a new era with an awareness of its intelligent past.

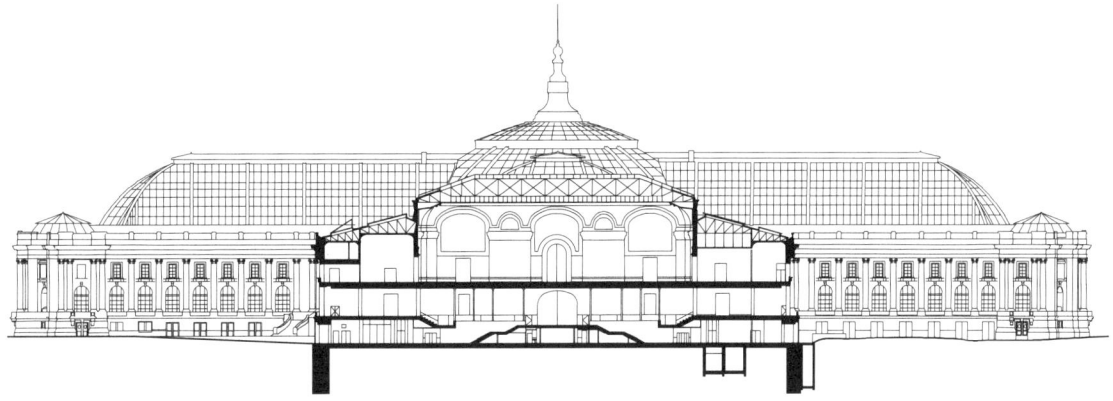

Rue des palais
Palais street

Terrasse / Terrace

Parvis
Courtyard

PROJET
Nanterre
Centre pénitentiaire des Hauts-de-Seine, Quartier de Semi-Liberté

PROJECT
Nanterre
Hauts-de-Seine minimum-security prison

182

TRANSITION SOUPLE

Le centre pénitentiaire de Nanterre a été l'occasion avant tout de confronter cette typologie à des considérations sociétales récentes, avec l'ambition d'estomper le sentiment d'hétérotopie entre la ville et l'enclos du pénitencier. Le projet porte l'ambition de reconstruire le rapport architecture-ville à travers plusieurs formes : une façade à la place d'un mur, un espace de transition plus « souple » entre l'intérieur et l'extérieur, une volumétrie qui joue un rôle de rotule entre les différentes échelles du quartier.

SMOOTH TRANSITION

The Nanterre penitentiary center was above all an opportunity to confront this typology with recent societal considerations, with the ambition of blurring the feeling of heterotopia between the city and the penitentiary enclosure. The project aims to reconstruct the architecture-city relationship through several forms: a facade instead of a wall, a more "flexible" transitional space between the interior and the exterior and a volumetry that plays the role of connector between the different scales of the district.

CLIENT
MINISTÈRE DE LA JUSTICE
BUDGET
11,2 M€ HT
SURFACE / AREA
3 925 M²
CALENDRIER / CALENDAR
2013-2019

AU-DELÀ DU MUR – À Nanterre, dans une zone urbaine hétéroclite constituée de pavillons, de grands ensembles et de bâtiments industriels, le Centre de Semi-Liberté (CSL) et les Services Pénitentiaires d'Insertion et de Probation (SPIP) se regroupent pour former une enceinte monumentale, symbole de justice pour les Hauts-de-Seine. L'enjeu est complexe : il faut organiser sur un même site deux programmes aux fonctionnements diamétralement opposés. Le jour, le SPIP surveille les personnes placées en probation et favorise leur réinsertion sociale. La nuit, le CSL recueille dans ses cellules les condamnés en semi-liberté. Par ailleurs, en plus que de construire une image contemporaine de la justice, le projet doit mobiliser son potentiel d'urbanité pour amorcer la réinvention du territoire décousu qui l'accueille. Dans un seul geste volumétrique, le bâtiment du SPIP prolonge le front bâti des grands ensembles au sud et renforce l'angle de la rue des Acacias et du boulevard du Général Leclerc. Calé sur celui des immeubles voisins, son recul par rapport à la rue permet d'y installer les accès contrôlés. Le CSL est implanté en peigne à l'arrière de cette façade pour en préserver la confidentialité. Depuis la rue, le bâtiment se présente comme un parallélépipède très dense, interrompu sur deux niveaux par une large ouverture de la façade qui laisse deviner au loin les constructions implantées en cœur d'îlot hébergeant les détenus. Dans l'inconscient collectif, la prison est un mur infranchissable ; elle enferme l'individu qui n'a pour tout contact avec l'extérieur qu'un morceau de ciel. Le projet met tout en œuvre pour combattre cette typologie dépassée ; il ouvre une grande fenêtre sur la ville et offre de nouvelles perspectives à l'emprisonnement. Néanmoins, pour des questions de sécurité, le besoin d'empêcher les détenus de regarder en direction de la cour de promenade a été explicitement formulé dans le cahier des charges. Formant une enceinte habitée sur rue, le SPIP s'ouvre donc exclusivement sur l'espace public et n'a aucun contact avec l'intérieur de la parcelle ; tandis que le CSL oriente les ouvertures des cellules vers des jardins à l'est de la parcelle, accessibles uniquement au personnel de maintenance. Ces espaces paysagers créent un espace tampon entre la cour de promenade et l'enceinte de la parcelle. Outre ses capacités à revêtir un certain nombre de figures propres à la rétention, comme l'enceinte ou la cour centrale, l'établissement emprunte alors un langage adapté pour n'être ni tout à fait une prison, ni tout à fait un simple centre où s'organiserait la vie collective des détenus.

Le SPIP est recouvert d'une première peau composée de tôle perforée qui mime l'effet du corten, et remplit à la fois le rôle de filtre visuel et celui de protection solaire. Une deuxième façade plus épaisse, composée d'un voile porteur en béton, d'un isolant extérieur et d'une vêture métallique, assure les performances thermiques de l'enveloppe. Des volets pliants et coulissants ainsi que la variation du rythme des perforations permettent aussi d'optimiser l'apport de lumière naturelle dans les bureaux. Les façades du CSL au contact direct des détenus bénéficient de la matérialité plus robuste d'un prémur béton étanche et auto-lavable. Ce choix accompagne une stratégie durable visant à limiter les coûts d'exploitation. D'autres dispositifs sont mis en œuvre pour faire de l'établissement un exemple, comme la récupération de chaleur sur les eaux usées et sur l'air extrait et un raccordement du site à la GTB pour en faciliter la maintenance.

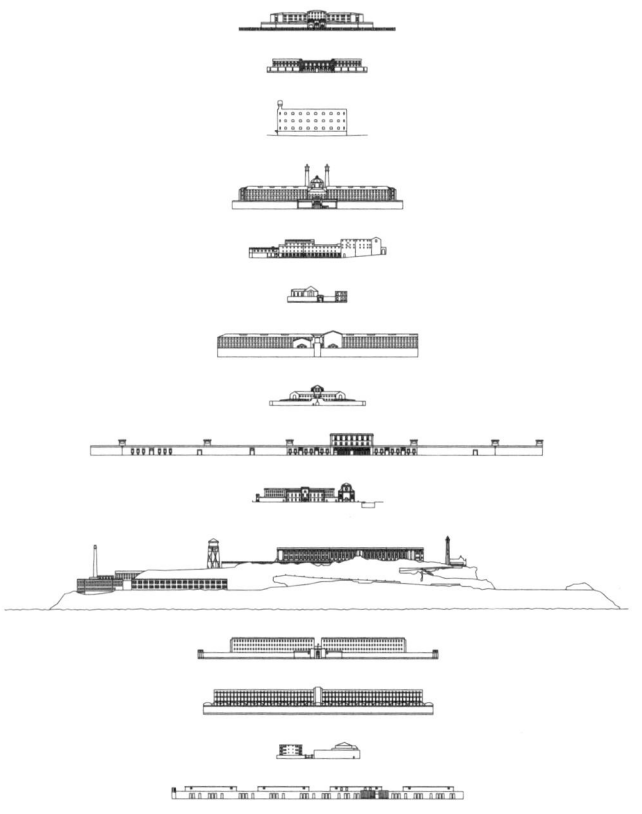

DE HAUT EN BAS, PAR ORDRE CHRONOLOGIQUE
FROM THE TOP DOWN, IN CHRONOLOGICAL ORDER
Prison de Limerick, Limerick
Prisons de St. Joseph et St. Paul, Lyon
Fort Boyard, Île d'Aix
Centre pénitentiaire de Paris-La Santé, Paris
Prison Regina Coeli, Rome
Centre de semi-liberté de Corbeil-Essonnes, Corbeil-Essonnes
Centre pénitentiaire de Fresnes, Fresnes
Maison d'arrêt de la Pierre-Levée, Poitiers
Prison de Poggioreale, Naples
Prison Santa Maria Maggiore, Venise
Prison de Alcatraz, San Francisco
Centre pénitentiaire de Marseille, Marseille
Maison d'arrêt de Fleury-Mérogys, Fleury-Mérogys
Centre me semi-liberté de Melun, Melun
Centre pénitentiaire de Nantes, Nantes

ARCHITECTE / ARCHITECT
LAN ARCHITECTURE
STRUCTURE / STRUCTURE
BATISERF
FLUIDES / M.E.P.
NICOLAS INGÉNIERIE
HQE / HEQ
FRANCK BOUTTÉ
ÉCONOMIE / ECONOMY
BMF

BEYOND THE WALL – In Nanterre, in a diverse urban area composed of pavilions, housing projects, and industrial buildings, the Minimum-Security Prison, or CSL, and the Reintegration and Probation Services Center, or SPIP, have been joined to form a monumental enclosure and a symbol of the justice system in the Hauts-de-Seine Department. This represents a complex challenge: two programs must be organized on the same site whose workings are diametrically opposed. During the day, the SPIP supervises individuals on probation and helps them reintegrate into society. At night, the CSL houses prisoners on work release. For that matter, more than simply constructing a contemporary image of the justice system, the project must mobilize its urban potential to reinvent the disconnected stretch of land hosting the program. With a single volume, the SPIP building extends the row of the housing projects to the south and reinforces the corner of rue des Acacias and boulevard du Général Leclerc. It is set back from the street to allow for the installation of controlled entrances. The CSL is located behind this facade to preserve confidentiality.

Seen from the street, the building looks like a very dense parallelepiped with a two-story opening in its facade that offers a distant glimpse onto the constructions situated in the middle of the block where the detainees are housed. In our collective unconscious, a prison is an impenetrable wall enclosing individuals whose only contact with the outdoors is a small piece of sky. The project does everything it can to undo this outdated typology by opening a large window onto the city and by providing new perspectives on imprisonment. Nevertheless, the need to prevent prisoners from looking towards the exercise yard was explicitly formulated in the technical specifications. Because it forms an inhabited enclosure that sits along the street, the SPIP looks out exclusively onto the public space and has no contact with the interior of the parcel. At the same time, the windows in the CSL cells face gardens in the eastern portion of the parcel that are only accessible to maintenance personnel. These landscaped spaces create a buffer zone between the exercise yard and the parcel's enclosure. In addition to its ability to embody a certain number of characteristics typical of detention, such as the enclosure or the central courtyard, the establishment adopts a specific style such that it is neither fully a prison, nor simply a center that organizes the collective life of the detainees.

The SPIP is covered with an initial skin of perforated sheet metal that mimics the effect of corten steel and provides both a visual screen and protection from sunlight. A second, thicker facade of load bearing concrete, exterior insulation, and a metallic covering ensures the envelope's thermal performance. Folding, sliding shutters and the rhythmic variations in the perforations optimize the amount of natural lighting in the offices' spaces. The CSL facades in direct contact with the detainees have a more robust sense of materiality, as they consist of a thick, washable concrete double wall. This choice forms part of a long-term strategy to limit operating costs. Other exemplary mechanisms have been implemented, such as heat recovery from used water and extracted air, as well as the site's connection to the BMS to facilitate its maintenance.

Oswald Mathias Ungers
Morphologie : City Metaphors

Entrée
Entrance

Détail de l'entrée
Detail of the entrance

Terrain de basket-ball
Basketball court

PROJET
Nantes
Îlot Brossette : 550 logements, école, bureaux et commerces

PROJECT
Nantes
The Îlot Brossette: 550 housing units, school, offices and retail

Sur les rives de la Loire
Facing the Loire river

TRANSITIONS HÉLIOTROPIQUES

Le campus Vatel est un projet urbain et architectural qui ambitionne l'idée de tisser des liens : avec les quartiers contigus, avec le fleuve, avec les espaces publics de l'île de Nantes, entre le campus et la ville, entre le privé et le collectif, entre les différents moments d'urbanisation de ce territoire, et les différents programmes. Ce postulat est omniprésent dans tous les choix du projet : de la forme au langage, de la stratégie conceptuelle à la construction.

HELIOTROPIC TRANSITIONS

The Vatel campus is an urban and architectural project that aims to establish links: with the neighboring districts, with the river, with the public spaces of the Île de Nantes, between the campus and the city, between the private and the collective, between the different moments of urbanization of this territory, and the different programs.
This postulate is omnipresent in all the choices made in the project: from the form to the language, from the concept to the construction.

CLIENT
KAUFMAN & BROAD
BUDGET
40,2 M€ HT
SURFACE / AREA
33 383 M²
CALENDRIER / CALENDAR
2013-2018

AMÉNAGEMENT URBAIN – L'aménagement du site Brossette constitue le plus gros chantier jamais réalisé sur l'île de Nantes. Occupée autrefois par les entrepôts du fabricant de composants sanitaires, la parcelle de 1,5 ha, située face à la Loire, accueille six nouveaux bâtiments aux programmes mixtes, dont une tour panoramique de 18 étages. Ce projet, au carrefour entre urbanisme et architecture, propose une alternative méthodologique à la fabrique urbaine typique des ZAC, opposant à la logique des prescriptions celle du dialogue et du partage. Polaris est le fruit d'un travail de concepteurs, réunis sous la forme

d'un groupement ayant comme credo partagé que l'architecture est au service de la ville. Workshop après workshop, le groupement a négocié chacune des décisions à l'échelle du bâtiment et à celle du quartier. S'inscrivant en continuité du travail d'UAPS et de Marcel Smeth (en charge de la maîtrise d'oeuvre urbaine de l'île de Nantes), LAN est à l'origine du dessin du plan masse et des grands principes urbains de l'opération, et mandataire du groupement d'architectes avec Abinal et Ropars et l'atelier Fernandez & Serres.

Les agences ont travaillé ensemble afin d'ajuster les formes et les programmes, avec l'objectif de transformer la haute densité en qualité, de définir un espace public cohérent et d'affirmer une identité urbaine claire et lisible.

L'environnement du site est à l'intersection de plusieurs systèmes formels : des immeubles des années 1970 en copropriété construits sur le modèle des « grands ensembles », un complexe de bureaux avec cours et jardins au développement inachevé, et l'opération d'Alexandre Chemetoff, première phase du renouvellement urbain de l'île. Dans ce contexte hétérogène, une synthèse s'est imposée et le nouvel îlot Polaris joue

le rôle de pivot. L'implantation des bâtiments repose sur une trame découpée en lanières ; qui traverse la parcelle d'une extrémité à l'autre et propose de nouveaux cheminements pour favoriser la mise en tension du coeur du site avec les berges du fleuve. Formées par la construction des immeubles, des intériorités émergent et s'organisent en places, parvis, terrasses ou jardins, polarisant les usages selon des thèmes précis, en réponse aux besoins de l'espace public.

Polaris abrite un campus d'un peu plus de 10 000 m² dans lequel l'école internationale du management de l'hôtellerie et du tourisme Vatel a choisi d'implanter un nouvel établissement. Il comprend des salles de cours, un restaurant, une brasserie et un café d'application ouverts au public, ainsi qu'une résidence-service pour étudiants de 300 appartements. Le programme inclut également 250 logements, près de 6 500 m² de bureaux et 600 m² d'activités répartis entre les différents plots de l'opération. Outre l'alignement des planchers d'une construction à l'autre, et la régularité partagée des ouvertures composant les façades ; chaque espace commun - peu importe la position sur le site de l'immeuble auquel il appartient - rejoint un même niveau, celui d'une vue lointaine et dégagée sur le skyline de l'ancienne ville. Bien que la parcelle soit entièrement privée, tous les espaces extérieurs sont ouverts à la ville. Le quartier, devenu entièrement piéton, est traversé par une allée centrale. Colonne vertébrale de l'îlot, elle mène au coeur du projet : le parvis de la tour rebaptisée « 360° View », espace rétrocédé à la collectivité et qui devient une place publique. Quatre immenses peupliers dialoguent avec la façade habillée d'aluminium brossé. La façade reflète son environnement le jour et s'anime la nuit, dans un jeu d'impostes mises en mouvement par des volets perforés. Perçu depuis le sud, l'édifice clôt la perspective. Au nord, depuis le fleuve, il donne le ton de la réalisation.

ARCHITECTE / ARCHITECT
LAN ARCHITECTURE
ARCHITECTE CO-TRAITANT / CO-CONTRACTING ARCHITECT
ABINAL & ROPARS
FERNANDEZ & SERRES
STRUCTURE / STRUCTURE
BETAP ET SERBA
PAYSAGE / LANDSCAPE
BASE
FLUIDES / M.E.P.
ALBDO
HQE / HEQ
BURGEAP
ÉCONOMIE / ECONOMY
BMF
VRD / ROADS AND UTILITY SERVICES
SAFEGE

URBAN RENEWAL – The development of the Brossette site completes the transformation of the Boulevard Vincent-Gâche. It is the largest construction site ever completed on the Île de Nantes. Occupied formerly by warehouses of a sanitary manufacturer, the 1,5-ha plot facing the Loire, hosts six new buildings with mixed use, including a panoramic tower of 18 floors. The project, sitting at the crossroads of urbanism and architecture, offers a methodological alternative to the typical urban factory of ZAC, opposing the logic of prescriptions to that of dialogue and sharing. Polaris is the result of a work of designers gathered in the form of a group sharing the belief that architecture is at the service of the city. Workshop after workshop, the group negotiated each of the decisions at the scale of the building and that of the district. As a continuation of the work of UAPS and Marcel Smeth (in charge of urban project management on the île de Nantes), LAN designed the masterplan and the major urban principles of the operation and acted as representative of the group composed

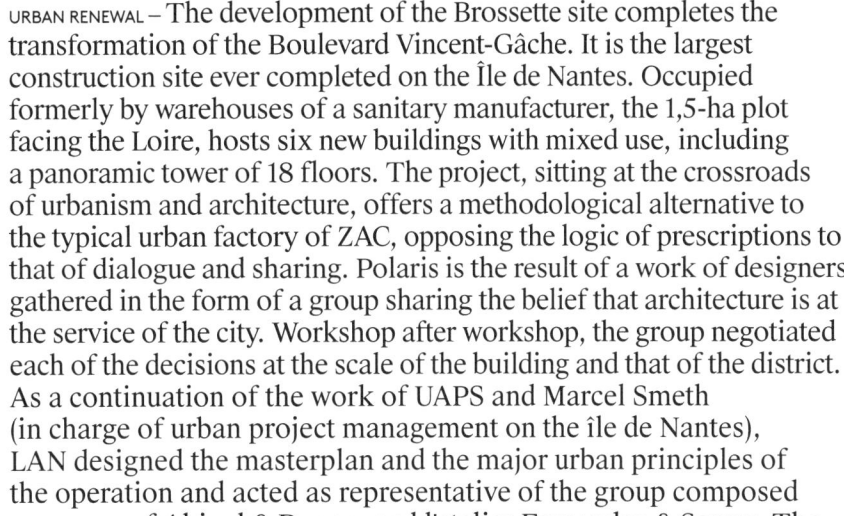

of Abinal & Ropars and l'atelier Fernandez & Serres. The agencies worked together to adjust forms and programs with many goals: transforming high density into quality, defining a coherent public space and asserting a clear and legible urban identity.

The site is at the intersection of several formal systems: buildings dating from the 1970s condominiums based on the model of large housing projects or "estates", an office complex, which was never entirely completed, with courtyards and gardens; and the intervention of Alexandre Chemetoff, architect of the first phase of urban renewal of the block. In this heterogeneous context, a synthesis in which the new Îlot Polaris plays a pivotal role has emerged. The layout of the buildings is based on a frame cut into strips, which crosses the parcel from one end to another and offers new paths to enhance the proximity

of the heart of the site with the riverbank. Formed by the construction of buildings, interiorities emerge and are organised in squares, terraces or gardens, polarizing the uses according to specific themes, in response to the needs of the public space. Polaris hosts a campus of over 10 000 m² in which the international school of hotel and tourism management Vatel has chosen to establish a new institution.
It includes classrooms, a restaurant, a brasserie, and a pub open to the public, as well as a student residence with 300 apartments. The program also includes 250 housing units, nearly 6 500 m² of office space and 600 m² of activity spread between the different blocks of the operation. In addition to the alignment of floors from one building to another, and the regularity of the openings composing the facades, each common space – regardless of its position on the building site to which it belongs - reaches the same level of a distant and unobstructed view of the old city skyline.

Although the parcel is entirely private, all outdoor spaces are open to the city. The neighborhood, which has become entirely pedestrian, is crossed by a central alley. It is the spine of the block and leads to the heart of the project: the forecourt of the tower renamed "360°View", which was turned into a public square. Four huge poplars interact with the facade dressed in brushed aluminium. The facade reflects its environment during the day and comes alive at night in a play of transoms set in motion by perforated shutters. Viewed from the south, the building closes the perspective. From the river on the north, it sets the tone of the realization.

Façade du plot 4
Facade of plot 4

Martine Feipel et Jean Bechameil, « *Les Brutalistes* », 2020
Martine Feipel and Jean Bechameil, *"Les Brutalistes"*, 2020

Cour Brossette
Brossette court

Façade du plot 3
Facade of plot 3

Terrasse du restaurant
Restaurant terrace

PROJET
Beyrouth
Siège social Bank Med

PROJECT
Beirut
Bank Med Headquarters

214

LA TOUR EN NÉGATIF

Le projet pour Bank Med est une proposition d'hybridation entre un immeuble à cour et un gratte-ciel. C'est une architecture qui se raconte par couches successives, une tour en négatif caractérisée par un vide que l'on pénètre, qui est au service des autres espaces et qui joue un rôle fondamental sur la lumière, le confort, la ventilation et le climat du projet.

THE TOWER IN NEGATIVE

The project for Bank Med is a hybrid proposal between a courtyard building and a skyscraper. This work of architecture tells its story in layers, a tower in negative characterized by a void penetrating it, which serves the other spaces and plays a fundamental role in the light, comfort, ventilation and climate of the project.

CLIENT
HAR ETUDES – BANK MED
BUDGET
14,5 M€ HT
SURFACE / AREA
16 200 M²
CALENDRIER / CALENDAR
2012

LA TOUR EN NÉGATIF – Dans les mégapoles, la tour est le résultat d'une densification urbaine poussée à l'extrême. Mais elle est bien souvent aussi liée à l'expression du pouvoir. À Beyrouth, cette course injustifiée à la verticalité est parfaitement inadaptée au modèle urbain, et la relation de cette architecture à l'espace public apparaît absente. La construction d'un nouvel immeuble de 16 200 m² pour la Bankmed, dans le quartier de Mina El Hosn, au pied du siège historique conservé, requiert alors une réponse volumétrique équilibrée et adaptée. Le bâtiment d'origine est un symbole pour la capitale libanaise, un repère pour la ville, et son extension ne doit pas porter ombrage à sa notoriété. L'alternative proposée n'est donc pas une tour, mais plutôt une typologie hybride composée de plusieurs volumes assemblés autour d'un vide, comme le négatif du premier édifice. Ce vide est un espace servant, sans autre fonction que celle d'apporter lumière et respiration au cœur de l'immeuble, à la manière des demeures orientales dont les patios constituent des espaces extérieurs neutres au service des autres pièces de la maison. Ainsi, il génère de grandes fenêtres ouvertes sur la ville qui assurent la communication avec les immeubles alentours et renforcent la liaison avec la première tour. En résultent de nombreux espaces extérieurs à disposition du personnel, dont l'orientation varie, et qui offrent d'impressionnants points de vue sur la ville. La grande brèche taillée dans la façade Sud est aussi source de lumière pour l'atrium et rayonne sur le reste du quartier.

L'impact du volume sur l'ensoleillement des immeubles voisins est réduit et la forme compacte de la nouvelle construction emprunte une dimension plus mesurée pour se rapprocher de sa sœur aînée. L'immeuble se décompose en trois grandes entités. Le socle est un projet de topographie urbaine où l'altimétrie, l'environnement et les données programmatiques structurent l'îlot et sont autant d'opportunités pour générer des qualités singulières. Les étages contiennent les bureaux dont l'accès est réservé. Si les espaces de travail ne sont pas très flexibles à l'intérieur, la forme de l'édifice et les différents vides qui le traversent produisent quatre morphologies de plateaux. Ces dispositifs d'aménagement variés s'adaptent aux besoins tout en offrant une diversité d'usages. Enfin, l'attique est un belvédère monumental qui surplombe le quartier. Socle, bureaux et couronnement sont connectés par l'atrium et forment un immeuble défini par une géométrie externe dense, à la fois ouverte et fermée, dont l'intériorité et l'extériorité s'expriment à travers deux matérialités distinctes.

La paroi de l'atrium est en albâtre calcaire. Cette pierre présente à sa surface des ondulations d'un jaune miel plus ou moins foncé, tirant parfois sur le rouge sombre. Sa cassure cristalline et striée lui confère une semi-transparence précieuse. Travaillé en fines plaques, l'albâtre opalescent est disposé devant les vitres qui referment les coursives des étages. La façade extérieure est quant à elle composée d'une double-peau. Vitrée à l'intérieur, elle est recouverte d'un système de lames de cuivre et de verre, inclinées et alternées, qui permettent de protéger du soleil tout en ouvrant les fenêtres des bureaux. L'enveloppe change d'aspect selon l'angle de vue et la lumière, apparaissant tantôt cuivrée, réfléchissante ou moirée.

ARCHITECTE / ARCHITECT
LAN ARCHITECTURE
STRUCTURE / STRUCTURE
BOLLINGER + GROHMANN
FAÇADE / FACADE
LERCH BATES
FLUIDES + SÉCURITÉ INCENDIE
/ M.E.P + FIRE SAFETY
FLACK + KURTZ
HQE / HEQ
FRANCK BOUTTÉ
ÉCONOMIE / ECONOMY
DG JONES

THE TOWER IN NEGATIVE – In a megalopolis, towers are the result of an increase in urban density that is pushed to the limit. They are also tied to an expression of power. In Beirut, the unjustified race upwards is totally ill suited to the city's urban model, and this kind of architecture appears to have absolutely no relation with the public space. Thus, the construction of a new building 16 200 m² in size for Bankmed in the Mina El Hosn neighborhood at the foot of the bank's historic headquarters required that we design a volume that is both balanced and adapted to its surroundings. The original building is a symbol in this city, a point of reference, and its extension cannot infringe on this reputation. The alternative we proposed is therefore not a tower, rather a hybrid shape consisting of several volumes assembled around an empty space, as if it were the photographic negative of the original building. This empty space is a servant space whose sole function is to provide light and air to the heart of the building, as in many Middle Eastern residences, where patios represent neutral outdoor spaces that serve the other rooms in the home. It thereby generates large windows that look out onto the city. This ensures communication with the surrounding buildings and strengthens the connection with the first tower. It also yielded a number of outdoor spaces that are available to the bank's staff. Their varying orientation offers striking views of the city. The large breach cut into the southern facade is also a source of light for the

atrium that shines on the rest of the neighborhood. The volume's impact on the neighborhood buildings' access to direct sunlight is reduced and the new construction's compact form occupies a limited amount of space to retain a closer relationship to its big sister. The building is made of three large entities. The base is a study in urban topography, where altimetry, the environment, and the program data structured the block; they also proved to be opportunities to generate singular qualities. The floors contain the offices of the bank staff. Although the workspaces are not very flexible on the inside, the building's shape and the different empty spaces that traverse it create four morphologies of office spaces. These varied layouts are adapted to the institution's needs and offer a diversity of usages. Lastly, the attic is a monumental belvedere that overlooks the neighborhood. Base, offices, and crown are connected by the atrium to form a building defined by a dense external geometry at once open and closed, where interiority and exteriority are expressed with two different sets of materials. The atrium's inner wall is in Egyptian alabaster, a stone whose surface contains ribbons of a dark yellow honey color that at times goes to a dark red. The striated, crystalline fissures of its thin sheets render it beautifully semi-transparent. The opalescent alabaster is arranged in front of windows enclosing the passageways along the upper floors. The external facade consists of a double skin. Glassed on the inside, it is covered with a system of alternating, angled copper and glass strips that protect against the sunlight while allowing for the office windows to be opened. The envelope changes in appearance depending on the viewpoint and light, varying from coppery to reflective to moiré.

Vue aérienne
Aerial view

Atrium
Entrance hall

PROJET
Saint-Jacques-de-la-Lande Mairie

PROJECT
Saint-Jacques-de-la-Lande Town Hall

222

HÉRITAGES FRANÇAIS

Le projet de Saint-Jacques-de-la-Lande réinterprète un héritage français qui commence au Moyen-Âge avec les maisons communes et qui se poursuit à la naissance des mairies (avec la loi de 1884). C'est une histoire qui unit de manière indissociable la place et l'hôtel de ville, et qui nous lègue aussi une série d'éléments caractéristiques de ces architectures : la fontaine, la « bretèche », l'« oriel », le large vestibule.

FRENCH LEGACIES

The project of Saint-Jacques-de-la-Lande reinterprets a French heritage that begins in the Middle Ages with the "maisons communes" and continues with the birth of town halls (with the law of 1884). It is a history that inseparably links the square and the town hall, and which also bequeaths to us a series of characteristic elements of these forms of architecture: the fountain, the "bretèche" or brattice, the "oriel" or bay window, the wide vestibule.

CLIENT
VILLE DE SAINT-JACQUES-DE-LA-LANDE
BUDGET
5,7 M€ HT
SURFACE / AREA
2 550 M²
CALENDRIER / CALENDAR
2010-2016

PRIX D'ARCHITECTURE
DE BRETAGNE 2016
Lauréat – Catégorie
« Travailler, Accueillir »
Prizewinner – Working
and Hosting Category

LA MAIRIE ET LA PLACE – Concevoir une mairie qui déjoue les codes d'un bâtiment institutionnel en fabriquant un espace public à part entière était tout l'enjeu de ce projet qui apparaît comme la ponctuation du nouveau centre-ville de Saint-Jacques-de-la-Lande. Avec ses deux parvis, ses façades abstraites parées d'une tôle d'acier perforée, l'édifice impose une image unitaire et contemporaine qui interagit avec chaque voie qui le borde, stimulant ainsi la vie de quartier. Évitant l'écueil d'un geste monumental pour incarner les valeurs du pouvoir et répondre au souhait de la maîtrise d'ouvrage qui privilégiait une mairie modeste et fonctionnelle, le bâtiment fait sens dans le quotidien des citoyens. Pour pallier la difficulté d'occuper une parcelle trop grande avec peu de moyens, c'est le choix de la compacité qui a été retenu, tout en élargissant le programme initial. Plus qu'un simple bâtiment, la mairie est assimilée à une place qui la prolonge et devient un lieu appropriable par tous, catalyseur de rencontres. Le bâtiment est un repère urbain qui invite intuitivement les usagers vers les espaces intérieurs.

S'il s'inscrit dans la continuité de l'histoire architecturale des hôtels de ville, le projet s'en distingue par sa contemporanéité et la volonté de décliner certains éléments typologiques récurrents - comme la place ou la tribune du maire - en en livrant une version épurée. Tendant vers l'abstraction, le bâtiment-place annihile les échelles et revisite les systèmes de représentation classiques en proposant une narration neuve et plus implicite : loin d'être écrasante et teintée d'un voile de supériorité, l'incarnation du pouvoir est rendue accessible au citoyen. L'architecture s'efface au profit de l'espace public, mais la mairie n'en demeure pas moins un outil de travail et de service à la population. La clarté des volumes intérieurs est renforcée par la lisibilité des circulations d'un service à l'autre. À l'impression de fluidité spatiale qui en découle s'ajoute la forte présence du bois, dispensant une atmosphère chaleureuse. Élément d'articulation du cœur du bâtiment, le hall double-hauteur, dédié au public, permet aussi de liaisonner le parvis haut, en relation directe avec la salle du conseil et mariage située au premier étage. Lors d'une cérémonie ou d'une réunion, son accès indépendant facilite la gestion des flux tout en offrant un espace de réception extérieur aux participants. Abritant les bureaux de l'administration générale, le dernier niveau héberge également celui du maire, qui bénéficie aussi d'une loggia surplombant la place de la mairie.

La présence de grands vitrages, comme celui qui ouvre sur la haie végétale volontairement conservée, du patio ou encore de l'atrium central favorise l'apport de lumière naturelle et établit des relations fortes entre le bâtiment et son environnement urbain. Fine et légère, une façade en tôle d'acier complète une première couche répondant à des besoins de performance thermique. Créant un effet de pénétration visuelle, la première peau remplit le rôle de filtre solaire et la nuit, sa porosité révèle le bâtiment par transparence. Les taux de perforation des volets ont été ajustés en fonction de l'orientation afin d'optimiser l'éclairage naturel et de protéger du soleil. Tout en précision et en élégance, la mairie combine sens de la domesticité et de la territorialité dont la mise en exergue fait qu'elle devient un support symbolique de la ville, avant même d'incarner les arcanes du pouvoir.

ARCHITECTE / ARCHITECT
LAN ARCHITECTURE
STRUCTURE / STRUCTURE
BATISERF
FLUIDES / M.E.P.
LBE
HQE / HEQ
FRANCK BOUTTÉ
ACOUSTIQUE / ACOUSTICS
JEAN-PAUL LAMOUREUX
ÉCONOMIE / ECONOMY
BMF

THE TOWN HALL AND THE SQUARE — The challenge of this project was the design of a town hall that outsmarts institutional building codes by creating a separate public space and thereby punctuating the new downtown of Saint-Jacques-de-la-Lande. With its two squares, its abstract facades adorned with perforated steel sheets, the building imposes a unitary and contemporary image that interacts with each bordering street and thus contributes to the area's sense of liveliness. The building avoids the pitfall of monumental gestures as a way to embody a sense of power and it responds to the client's preference for a modest, functional town hall. It makes eminent sense in the everyday life of citizens. To overcome the difficulty of occupying an excessively large plot with few resources, the choice of compactness was made, while expanding the initial programme. The town hall is more than just a building; it is also a square that extends the building to become a space that everyone can appropriate. It is a catalyst for exchange.

The building is an urban landmark that intuitively invites users to enter the interior spaces. Although it is in line with the architectural history of town halls, the project differs from it in its contemporaneity and the desire to use certain recurring typological elements in a purified version – such as the square or the mayor's gallery. The building and square tend towards abstraction. This undoes the sense of scale and amends the traditional modes of representation to propose a new, more implied narrative. Far from being overbearing and tainted with a sense of superiority, power here is instead embodied in a way that is much more accessible to the citizenry. The architecture defers to the public space, but at the same time, the town hall remains a place of work that provides services to the population efficiently. The clarity of the interior volumes is reinforced by the legibility of the circulation from one office to another, resulting in a sense of spatial fluidity. The considerable presence of wood creates a warm atmosphere. The double-height hall is the heart of the building. It welcomes the public and it also connects to the upper square, which is in direct relation to the town council room and the marriage room situated on the first floor. During a ceremony or a meeting, its independent access facilitates the management of the flow

while offering an outdoor reception area to the participants. The top floor holds the administrative offices as well as the mayor's office, which has a loggia that looks out over the town hall square. The presence of large windows, such as the one that opens onto the planted hedge – which has been deliberately preserved – the patio or the central atrium, provide natural light and establish a strong relationship between the building and its urban environment. Thin and light, a steel sheet facade completes a first layer meeting thermal performance requirements. The first skin acts as a solar filter, creating a visual penetration effect; at night, its porosity reveals the building through transparency. The perforation amount of the shutters have been adjusted according to the orientation, optimizing natural lighting and protecting from the sun. With precision and elegance, the town hall combines domesticity and territoriality, becoming a symbolic support of the city, even before it embodies the arcanes of power.

Depuis le parc
From the park

Parvis haut
High square

Hall d'entrée en bois
Wooden entrance hall

PROJET
Lille
Tour Euravenir

PROJECT
Lille
Euravenir tower

Vue aérienne
Aerial view

234

FORMES INÉVITABLES

Dernier projet de la première phase du quartier d'Euralille, la tour Euravenir est une sculpture urbaine qui ambitionne d'articuler les ensembles urbains contigus et de les réinventer visuellement. Sa géométrie, générée par un jeu de prolongement et d'entrecroisement des directions urbaines à l'intérieur de la parcelle, et sa volumétrie, ciselée par réverbération de celles autour, définissent une architecture pluriforme au croisement entre une tour, un immeuble d'angle et un signal urbain.

INEVITABLE FORMS

The last project of the first phase of the Euralille district, the Euravenir tower is an urban sculpture that aims to articulate the contiguous urban ensembles and to reinvent them visually.
Its geometry, generated by an extension and interweaving of urban directions within the plot, and its volumetry, chiseled by reverberation of those around, define a pluriform structure at the crossroads between a tower, a corner building and an urban signal.

CLIENT
SOGEPROM–PROJECTIM
BUDGET
5,7 M€ HT
SURFACE/AREA
3 475 M²
CALENDRIER/CALENDAR
2010–2015

COPPER IN ARCHITECTURE
AWARDS 2015
Mention d'honneur
Honorable mention
COMMERCIAL BUILDING
OF THE YEAR 2015
Leaf Awards
PRIX LE SOUFACHÉ 2015
ACADÉMIE
D'ARCHITECTURE
EUROPEAN UNION PRIZE
FOR CONTEMPORARY
ARCHITECTURE 2015
– MIES VAN DER ROHE
AWARD
Nominé
Commendation
ÉQUERRE D'ARGENT 2014
Nominé
Commendation
PRIX SMABTP 2014
Pyramide d'Argent

OBJET URBAIN — Complétant l'offre de surface dans la « turbine tertiaire » de Lille, la tour de bureaux Euravenir marque l'achèvement de la ZAC Euralille créée en 1990 à la faveur de l'arrivée de l'Eurostar dans la ville. Construite sur la dernière parcelle libre du projet urbain conçu par Rem Koolhaas, elle constitue l'épilogue de cette grande aventure autant qu'elle en annonce le renouveau puisque la SPL Euralille s'est engagée dans la densification du quartier. Dès lors, l'enjeu formel de sa conception était double : il fallait autant s'inscrire dans le récit conçu par Koolhaas pour ce quartier d'entre-deux gares (Lille Flandres et Lille Europe) que répondre aux objectifs de sa réinvention, comme améliorer la connexion des quartiers Euralille et Saint-Maurice, séparés par les voies ferrées et le périphérique. La position stratégique de la parcelle, située au carrefour des différents axes de mobilité, a conduit à une résolution formelle subtile : la tour est positionnée et ciselée pour devenir une rotule, un point de suture capable d'unir les infrastructures qui gravitent autour d'elle en répondant avec attention à leurs échelles et leurs caractéristiques programmatiques particulières. Côté Euralille, la tour élancée achève la perspective visuelle reliant les deux gares. Au Nord, le volume bas du rez-de-chaussée gère la liaison avec l'enceinte d'un cimetière. Côté Saint-Maurice, la construction ajuste son volume sur celui des immeubles voisins pour s'intégrer au tissu faubourien. La perception de la construction est multiple : c'est une haute vigie qui domine l'avenue Le Corbusier et un immeuble d'angle qui cadre la place Valladolid. Depuis le boulevard périphérique en contrebas, le signal urbain prend toute sa force, en complétant le décor cinétique imaginé par Rem Koolhaas pour cet « hyperterritoire ».

De cette réponse formelle sophistiquée naît une juxtaposition de plateaux libres aux surfaces réduites (de 200 à 600 m²), organisés autour d'un noyau en béton regroupant espaces servants et circulations verticales. Si la forme semble dicter l'usage, la proposition programmatique répond en réalité aux besoins du quartier, en manque de petites surfaces locatives à proximité des gares pour le personnel mobile des grandes entreprises. Les plateaux offrent un aménagement flexible et peuvent être fractionnés en deux espaces aux surfaces équivalentes. Au rez-de-chaussée, un portique contourne l'interdiction de construire en limite de parcelle pour offrir un hall public ouvert et couvert, une protection aux intempéries où se croisent les usagers des bureaux, les passants et les clients des commerces.

La peau de l'édifice participe à sa distinction dans le paysage vertical d'Euralille. Des panneaux pleins ou perforés de cuivre oxydé – leur teinte est stabilisée – enveloppent la structure poteaux-poutres. Suivant l'orientation, les panneaux perforés ajustent la pénétration de la lumière dans les espaces de bureaux. Comme tous les espaces intérieurs, le dessin des façades est réglé sur une trame principale de 1,35 m qui court sur toute la hauteur du bâtiment. Celle-ci est interrompue par des bandeaux qui soulignent la répartition horizontale. Une trame secondaire, déterminée par les dimensions des bandeaux et des trumeaux, ordonne le découpage des façades.

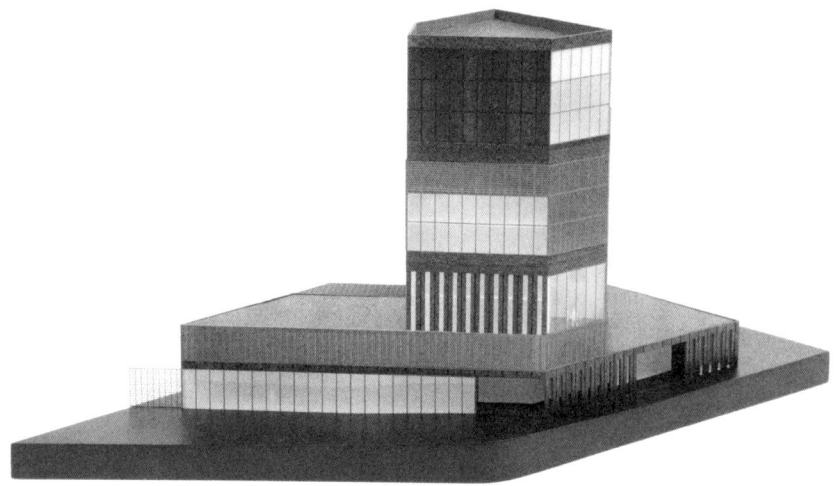

Poursuivant le même objectif de mise en relation avec le contexte, ces dernières sont conçues comme un ensemble de fenêtres tournant à 360° sur la ville et donnant à voir sa diversité. Selon l'étage et l'orientation, on profite de la bulle végétale du cimetière et un peu plus loin, du centre-ville historique ou de l'animation du quartier des gares. Achevant le décor imaginé par Rem Koolhaas, cette tour devient alors le meilleur endroit pour le contempler.

ARCHITECTE / ARCHITECT
LAN ARCHITECTURE
TCE / ALL TRADES ENGINEERING
IOSIS
MOE EXÉCUTION / PROJECT SUPERVISOR
EGIS
FAÇADE / FACADE
ELIOTH
HQE / HEQ
ACT ENVIRONNEMENT
ACOUSTIQUE / ACOUSTICS
FLANDRES ACOUSTIQUE

URBAN OBJECT – The Euravenir office tower rounds out Lille's "retail turbine" and marks the completion of the Euralille development zone, which was launched in 1990 with the Eurostar train's arrival in the city. The tower was built on the last free parcel in the urban program designed by Rem Koolhaas. It forms a sort of epilogue to this grand adventure as well as a harbinger of its renewal, as the SPL Euralille public development company has sought to increase the neighborhood's density. As a result, LAN faced a dual formal challenge in designing it. The project had to blend into the narrative conceived by Koolhaas for this neighborhood located between the city's two train stations (Lille Flandres and Lille Europe). It also had to take the plans for its reinvention into account.

This included improving the connection between the Euralille and Saint-Maurice neighborhood, which are separated by the train tracks and the ring road. The parcel's strategic position at the crossroads of various axes provided with a subtle formal solution to this challenge: the tower is positioned and shaped as a pivot point that unifies the surrounding infrastructure by responding carefully to its specific scales and program characteristics. On the side facing Euralille, the slender tower creates a visual point of reference that connects the two train stations. To the north, the lower volume of the ground floor area exists in relation to the wall of a cemetery. On the side facing Saint-Maurice, the construction adjusts its volume to those of the neighbouring buildings, thereby integrating itself into the faubourg style urban fabric. There are multiple perspectives on the construction: as a tall lookout post towering over the avenue Le Corbusier, and as a corner building that helps define the place Valladolid, although it is from the ring road below that the tower acquires its full strength as an urban mark. It thereby completes the kinetic landscape envisioned by Rem Koolhaas for this "hyperterritory".

This sophisticated formal response involved the juxtaposition of open areas of a limited size (between 200 and 600 m²) organized around a cement core that contains all the servant spaces and vertical circulations. While the form may seem to dictate its usage, the program responds to the needs of the neighborhood, which is lacking in small-sized areas for rent close to the train stations. The spaces are flexibly arranged and can be split into two equally sized areas. On the ground floor, a portico circumvents the prohibition

from building out to the edge of the parcel. It provides a public hall that is both open and covered, a protection against the bad weather where occupants of the office spaces, passers-by, and customers of the retail businesses all cross paths. The building's skin helps distinguish it amidst Euralille's vertical cityscape. Full or perforated panels of oxidized copper (the color of which has been stabilized) envelope the pillars and beams structure. Depending on the orientation, the perforated panels adjust how much light penetrates the office spaces. As with all interior spaces, the facade design was made using a 1,35 m frame across the building's entire height. Spandrels punctuate the facade to emphasise its horizontal divisions. A secondary framework, created by the size of the spandrels and piers, provides a sense of order to the facades. The facades themselves also seek to establish a dialogue with the surrounding context, which is why they were designed as a 360° ensemble of windows that look out onto the city and its diversity. Depending on the individual floor and direction, you can see the greenery of the cemetery and the historic downtown, or the lively neighborhood surrounding the train stations. By completing the cityscape envisioned by Rem Koolhaas, the Euravenir Tower becomes the best place to contemplate it as well.

Depuis l'avenue Le Corbusier
From Le Corbusier Avenue

Depuis la rue du Faubourg de Roubaix
From rue du Faubourg de Roubaix

Portique au rez-de-chaussée
Portico on the groundfloor

Depuis le boulevard Louis Pasteur
From Louis Pasteur Boulervard

PROJET
Paris XVII
Saussure : 40 logements

PROJECT
Paris XVII
Saussure: 40 housing units

Détail de la façade
Detail of the facade

246

FORMES RÉSILIENTES

Inspiré par l'immeuble de rapport haussmannien, le projet de la rue Saussure est une architecture réversible, capable d'évoluer et de muter facilement de logements à bureaux et inversement. Les modules de façade préfabriqués sont à la fois structure, espaces techniques, et enveloppe climatique.

RESILIENT FORMS

Inspired by the Haussmannian apartment building, the rue Saussure project is a form of reversible architecture, capable of evolving and changing easily from housing to offices and back again. The prefabricated facade modules are at the same time structure, technical spaces and climatic envelope.

CLIENT
ICF NOVÉDIS
BUDGET
5,3 M€ HT
SURFACE / AREA
2 740 M²
CALENDRIER / CALENDAR
2010–2014

BUILDING OF THE YEAR 2016
ARCHDAILY AWARDS
Nominé
Commended

TROPHÉES DE
LA CONSTRUCTION 2015
BATIACTU
Nominé
Commendation

ÉQUERRE D'ARGENT 2015
Nominé
Commendation

RETHINKING THE
FUTURE AWARDS 2014
SUSTAINABILITY
3ᵉ Prix « bâtiment
d'habitation construit »
3ʳᵈ Prize « Built housing »

HÉRITAGE HAUSSMANNIEN – Du logement au bureau, il n'y a qu'un pas. C'est la démonstration que livrent quotidiennement les immeubles haussmanniens qui bordent les avenues parisiennes. Conçues pour abriter les logements de la bourgeoisie, ces constructions se révèlent être un extraordinaire exemple d'architecture générique et durable, capable d'accueillir indifféremment dans le temps des bureaux, des commerces, des ateliers, des écoles, etc. Au fondement de cette flexibilité, des caractéristiques immuables : une structure claire, une forte compacité, un rez-de-chaussée ouvert sur la rue et extensible à l'entresol, une richesse d'ouvertures et des hauteurs d'étages permettant une variété d'aménagements intérieurs. Considérer ce vocabulaire constructif comme l'héritage majeur de l'immeuble parisien libère l'imagination face au carcan que peut parfois représenter un programme d'occupation. Expérimenter redevient possible. Parce qu'elle rappelle celles des immeubles d'angle qui cadrent les îlots haussmanniens, la parcelle vouée à la construction de ces 40 logements en proue de la ZAC Clichy-Batignolles est l'occasion d'éprouver l'exemplarité de ce modèle historique face aux enjeux contemporains de l'architecture et de la ville. Contrairement à ce que suggère la stricte composition de sa façade, le projet n'est pas une réponse figée aux besoins exprimés à un instant T. Son architecture domestique a été imaginée comme totalement mutable en bureaux. La structure – une extrusion parfaite de la parcelle – est déportée en façade et contreventée par le noyau de circulations verticales. La hauteur de dalle à dalle est agrandie à 3,20 m, valeur médiane entre celle des immeubles de logement standard (2,8 m) et celle des opérations de bureau (3,5 m). La façade est, quant à elle, tramée sur 1,35 m pour que les vitrages atteignent 2,70 m de large, soit les dimensions d'un module de bureau. Tout, depuis la configuration des niveaux jusqu'aux proportions des espaces, en passant par la régularité des ouvertures, facilite la modification des aménagements intérieurs. Cela offre également une qualité d'usage particulière aux habitations où des loggias, indéniables plus-values spatiales de 5 à 12 m², sont percées dans la profondeur de la trame pour ménager une variété d'espaces extérieurs privatifs. Associées aux généreuses baies et à une hauteur sous plafond peu ordinaire dans le logement, cela produit des appartements spacieux où salon, chambre et cuisine sont baignés de lumière naturelle.

L'uniformisation des percements était essentielle pour ne pas connoter le projet et que l'image du bâtiment n'entrave pas l'évolutivité de son affectation. Malgré tout, de petites distinctions répondent aux différentes exigences de confort des façades Sud et Nord (ouvrant tout hauteur au Sud ou sur allège au Nord, position des baies en recul ou au nu de la façade, store extérieur ou intérieur). Par ailleurs, les choix qui ont guidés le projet sont également la source d'une gestion raisonnée de son économie. Tramer permet de standardiser, donc de mettre en œuvre des produits de belle qualité qui participent à celle de la modénature. Le bâtiment est réalisé à partir d'une seule menuiserie en aluminium laqué noir et de trois formats de panneaux de prémurs dont les faces extérieures sont en béton poli. Enfin, pour filer la métaphore, deux élégants rubans dorés soulignent ce qu'aurait pu être l'étage noble haussmannien.

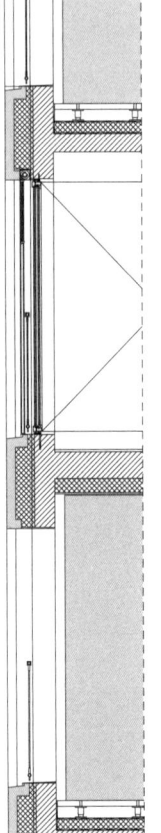

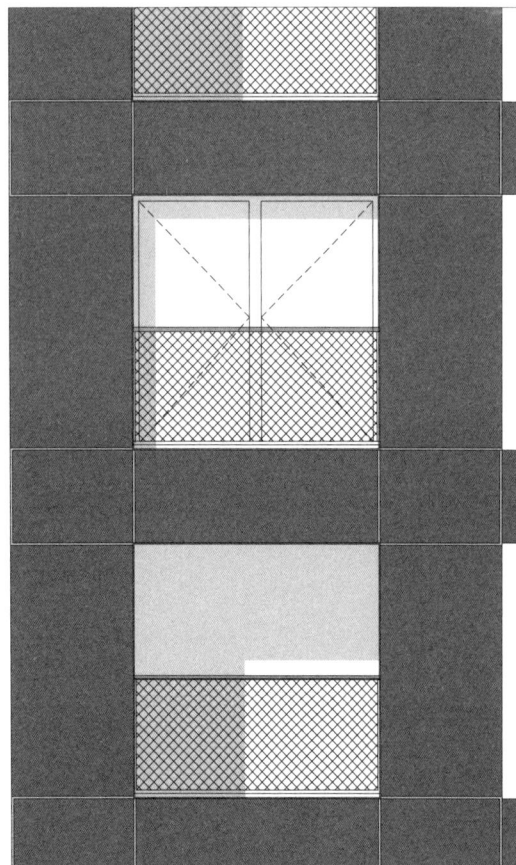

Détail de la façade
Detail of the facade

ARCHITECTE/ARCHITECT
LAN ARCHITECTURE
STRUCTURE/STRUCTURE
BOLLINGER + GROHMANN
FLUIDES/M.E.P.
LBE
HQE/HEQ
FRANCK BOUTTÉ
ÉCONOMIE/ECONOMY
JP TOHIER & ASSOCIÉS

HAUSSMANNIAN HERITAGE – The transition from a home to an office is a short one. The Haussmann-era buildings that line Paris' avenues prove this every day. Originally designed as housing for the bourgeoisie, these constructions have turned out to be an extraordinary example of a sustainable, all-purpose architecture readily capable of also hosting offices, retail, workshops, and schools. This flexibility is due to certain underlying constants: a clear structure, a high degree of compactness, a ground floor that opens onto the street and which can be extended up to the mezzanine, and a wealth of openings and heights on the upper floors that generates a great variety of interior layouts. If we consider this constructive vocabulary as the greatest legacy of Parisian buildings, this frees our imagination from the yoke that housing programs sometimes represent. We can again begin to experiment. Set for the construction of 40 housing units at the very tip of the Clichy-Batignolles development zone, this parcel recalls the corner buildings that bookend Haussmann-era housing blocks. As such, it gives us the chance to prove how exemplary this historic model remains in the face of the contemporary challenges facing architecture and urban development.

Contrary to what the strict composition of the facade may suggest, this project does not respond only to one set of needs expressed at a certain point in time. Its domestic architecture was envisioned as totally transformable into office spaces. The facade supports the structure – a perfect extrusion of the parcel – which is also braced by the core of vertical circulations. The height between slabs has been increased to 3,20 m, at the midpoint between heights for standard housing units (2,8 m) and offices (3,5 m). The facade is based on 1,35-m frames so that the windows can be 2,70 m wide, as they are for offices. Everything from the configuration of the levels to the proportions of the spaces and the regularity of the openings facilitates any modification of the interior layouts. This also gives the residences a particularly high quality of usage. Their loggias, which represent an added value of 5 to 12 m^2 of extra space, are fashioned at the back of the framework to order a variety of private, exterior spaces. Together with the ample windows and extraordinary ceiling height of the housing units, this produces very spacious apartments where the living room, bedrooms, and kitchen are bathed in abundant natural light.

The standardization of its openings was essential to avoiding any specific connotation for the project, so that the building's image would not hinder its capacity to evolve in terms of its use. That said, there are minor distinctions that respond to the different comfort requirements on the north and south facades (the windows are floor to ceiling facing south and rising off the sill to the north; their position is either inset or flush with the facade; blinds are either interior or exterior).
For that matter, the decisions that guided the project are also the source of the reasonable management of its economy. Framing enables standardization and thus the use of high-quality products to enrich the facades' ornamentation. The building uses a single joinery of black lacquered aluminium and three types of double wall panels, the exterior faces of which are in polished concrete. And to extend the metaphor, two elegant, golden ribbons recall the Haussmann piano nobile.

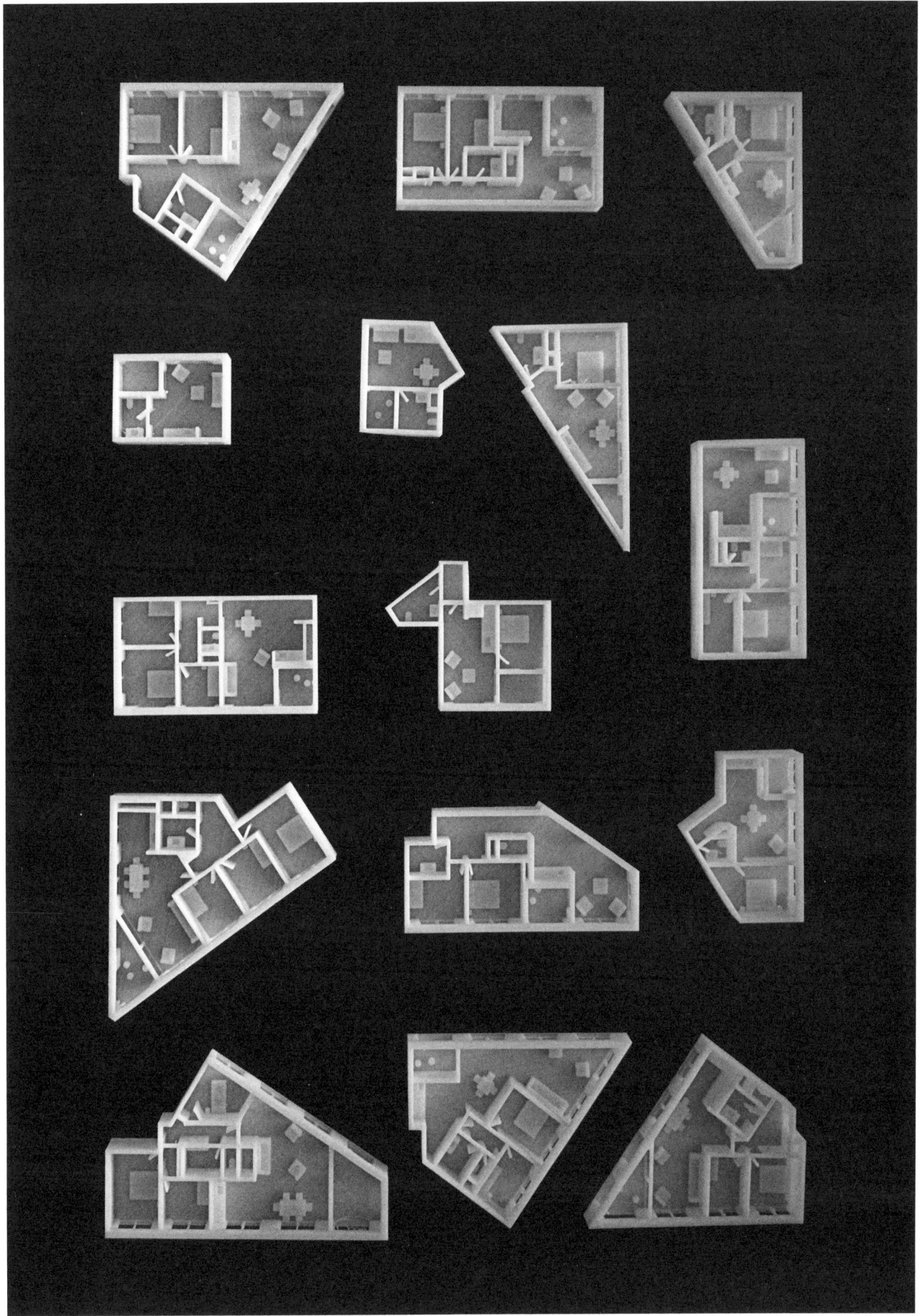

Depuis la promenade plantée
From the greenery

PROJET
Paris V
Les grandes serres du Jardin des Plantes

PROJECT
Paris V
The greenhouses of the Jardin des Plantes

LE MOINS POSSIBLE

La rénovation des quatre serres du Jardin des Plantes de Paris a été fondamentalement marquée par un seul principe : faire disparaître l'intervention architecturale au profit de la luxuriance exceptionnelle de la végétation. Le traitement des allées, le dessin des parcours, le choix des matériaux, des lumières et des structures ont pour objectif de se fondre dans les espaces tout en reprenant la singularité de chacun des milieux des quatre serres.

AS FEW AS POSSIBLE

The renovation of the four greenhouses of the Jardin des Plantes in Paris was fundamentally marked by a single principle: to make the architectural intervention disappear in favor of the exceptional luxuriance of the vegetation. The treatment of the aisles, the design of the paths, the choice of materials, lights and structures aim to blend into the spaces while taking up the singularity of each of the environments of the four greenhouses.

Serre de l'Histoire des Plantes
Plant History greenhouse

CLIENT
MUSÉUM NATIONAL D'HISTOIRE NATURELLE
BUDGET
650 K€ HT
SURFACE / AREA
1 850 M²
CALENDRIER / CALENDAR
2010-2011

JETER DES PASSERELLES — Le 2 juin 2010, les quatre serres du Jardin des Plantes à Paris, entièrement rénovées et réaménagées, ont rouvert au public après des années de travaux.

LAN a créé un parcours qui se déroule d'une serre à une autre et dont le dessin souligne, par un motif, un calepinage ou une couleur, les particularités de ces paysages distincts. Ces passages permettent d'approcher les végétaux au plus près, de manière à ce que l'immersion se fasse sans contrainte ; en cela, la distinction entre un « musée » et une « serre » prend tout son sens.

Faire disparaître la limite construite afin de mélanger couleur et matière, tracer des chemins qui s'inscriront parfaitement dans leurs environnements d'accueil, éclairer en soulignant la majesté des arbres tout en respectant l'éclairage naturel ambiant : telles ont été les lignes directrices qui ont inspiré ce projet de parcours. De par sa luxuriance exceptionnelle, c'est la végétation qui est mise en avant et non une architecture ostentatoire qui lui aurait volé de sa superbe. Le traitement des allées se fond dans les espaces tout en reprenant les caractéristiques des quatre serres. C'est un seul et même béton qui a été utilisé et décliné de quatre manières différentes pour le tracé de l'allée. Dans la serre des Forêts Tropicales, les panneaux de béton, préfabriqués et teintés dans la masse, se déclinent en rayures espacées, dont la marge se découpe en drapeau ; avec le temps, les plantes et les fleurs pourront s'immiscer à l'intérieur du parcours et sa surface se patinera. Dans la Serre des déserts, le béton est clair et contribue à accentuer l'éblouissement créé par ce pavillon très exposé au soleil. Dans la serre de l'Histoire des plantes, la même matière a été taillée de manière à préserver les pierres classées qui traçaient l'ancien chemin laissé là depuis un siècle. Enfin, la serre néo-calédonienne est divisée en deux par une élégante passerelle gravée de motifs kanaks et éclairée du dessous.

ARCHITECTE / ARCHITECT
LAN ARCHITECTURE
FLUIDES / M.E.P
BETHAC

BUILDING BRIDGES — On 2nd June 2010, the four entirely renovated and restructured greenhouses in the Jardin des Plantes in Paris, were reopened to the public after years of work.

LAN has created an itinerary that unfolds from one greenhouse to the next and whose forms emphasize, with a motif, a specific form or color, the particularities of these contrasting worlds. These "passageways" enable us to experience the plants at close hand, to freely immerse ourselves in them, emphasizing the distinction between a "museum" and a "greenhouse".

The guiding principles defining the project were to dissolve the limits of the greenhouse structures in order to mix color, form and matter, to create pathways perfectly integrated into their host environments, and to illuminate and highlight the majesty of the trees while respecting the natural ambient light. It is the vegetation's exceptional luxuriance that is given precedence, rather than the ostentatious architecture, which would have detracted from it. The treatment of the paths blends into the spaces while reflecting the characteristics of each of the four greenhouses. The same concrete was used for the path in four different ways. In the Tropical Forests greenhouse, the prefabricated concrete, colored during mixing, is laid in strips of different lengths alternating with bare ground. This has the effect of "blurring" or "fraying" the path's edges. With time, the plants and flowers will be able to infiltrate the path itself and its surface will acquire a patina. In the Deserts greenhouse, the concrete is light-colored and helps accentuate the dazzling atmosphere in this sun-drenched pavilion. In the Plant History greenhouse, the same concrete was shaped to accommodate the listed stones marking out the path, which had remained unchanged for a century. The New Caledonia greenhouse is divided in two by an elegant footbridge engraved with Kanak motifs and lit from beneath.

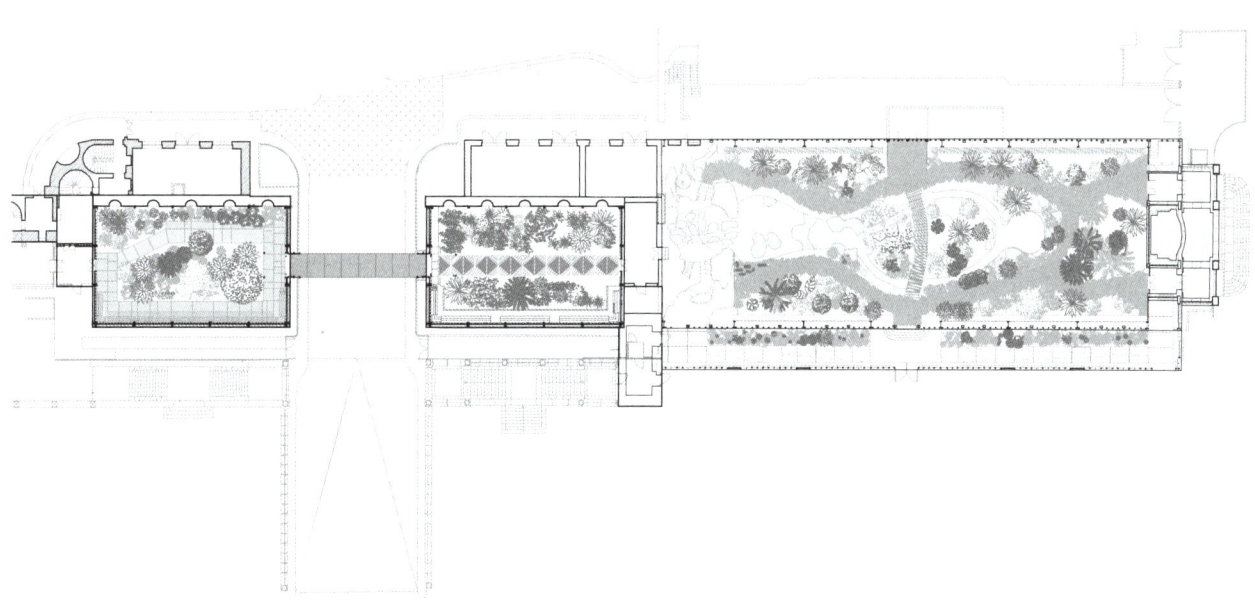

Serre des Forêts Tropicales
Tropical Forest greenhouse

261

Serre des Déserts
Deserts greenhouse

Plan du projet
Project plan

PROJET
Lormont
Quartier Génicart : 709 logements

PROJECT
Lormont
Génicart district: 709 housing units

Lormont Génicart, 1960

PLAN LIBRE

Que faire des « grands ensembles » ? Le projet du quartier Génicart tente de redéfinir le plan libre sans apriori, en partant de ses qualités et de ses défauts. Profitant de l'occasion offerte par la nécessité de réhabilitation des bâtiments, le projet suit une stratégie d'ensemble visant à la fois à rendre lisibles de nouveaux îlots à travers un traitement architectural singulier, tout en gardant à travers le paysage une approche plus publique, ouverte, jardinée et paysagère.

OPEN PLAN

What can be done to improve the great mid-20th-century housing projects? The Génicart district project attempts to redefine the open plan without preconceptions, starting from its qualities and defects. Taking advantage of the opportunity offered by the need to rehabilitate these buildings, the project follows a comprehensive strategy aiming to make new blocks legible through a singular architectural treatment, while maintaining a more public, open, gardened and landscaped approach.

CLIENT
DOMOFRANCE
BUDGET
21,3 M€ HT
SURFACE/AREA
57 223 M²
CALENDRIER/CALENDAR
2009-2015

QUE FAIRE DES « GRANDS ENSEMBLES » ? – Le site du projet, le quartier Génicart, est situé à proximité du centre-ville et des axes de circulation majeurs pour les déplacements urbains et interurbains. Avec 10% de la surface du territoire communal de la ville, ce quartier accueille 50% de la population totale de Lormont, soit près de 10 500 habitants. Un programme ambitieux de renouvellement urbain et social est engagé. Les bâtiments réhabilités portent sur le secteur « Sud » du quartier, ensemble immobilier constitué de 4 résidences : Saint Hilaire, Leroy, La Boétie et Villon. Il s'agit de mettre en place un programme de résidentialisation. Les unités d'habitation se sont progressivement fractionnées, et l'espace public a suivi la même logique : découpages, hiérarchisation plus progressive du public et du privé, réduction des espaces collectifs mal utilisés. Les bâtiments sont reconfigurés en entités identifiables, la logique des résidences laisse la place à celle des îlots. Le travail sur les façades, visant au départ à isoler thermiquement les immeubles et à permettre l'amélioration de leur consommation

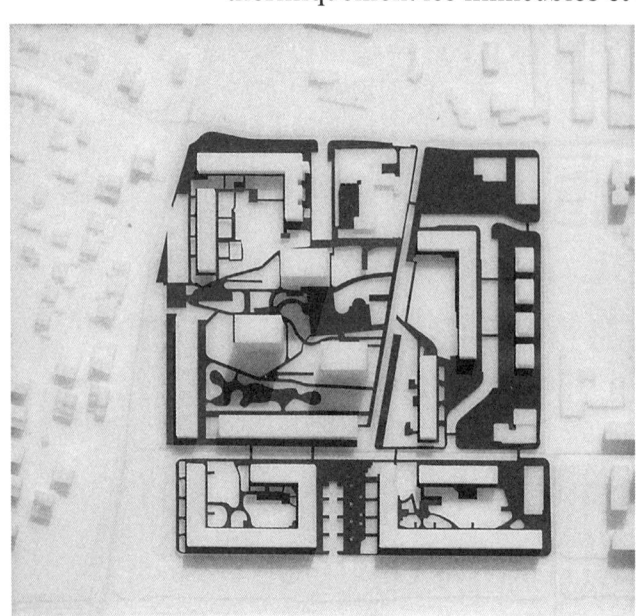

énergétique, a permis une double approche de la réhabilitation : il a été d'un côté possible de générer des espaces en plus, des pièces de vies supplémentaires, des loggias et des balcons davantage spacieux ; de l'autre, ce travail a défini une nouvelle architecture, bien distincte pour chaque îlot.
Les trois tours de Saint Hilaire, dans leur nouvelle configuration, délimitent une esplanade minérale et un espace de jeux. La résidence Leroy installe avec sa colline arborée une ambiance très végétale en bordure de rue. La Boétie se développe autour d'une grande pelouse centrale dégagée, rechargée et striée de noues paysagères, équipée d'assises linéaires, lieu privilégié des pauses familiales. La résidence Villon est, quant à elle, aménagée à la croisée des cheminements, au cœur d'un écrin boisé, abritée des vents et bénéficiant d'un ensoleillement généreux au cours de l'après-midi, qui permet des moments de détente en retrait des flux de circulations majeurs de l'esplanade Saint Hilaire et des voies périphériques. Des espaces publics plus ouverts et mieux équipés qu'un parc urbain piéton occupent le centre du quartier. Les stationnements sont entièrement repensés, rationalisés, et concentrés en périphérie. L'accès aux véhicules est supprimé. Au cœur de ce parc, des lieux spécifiques reçoivent un traitement particulier, avec une forte présence des éléments bois et béton. Il s'agit de lieux de passage, terrasses, ruptures de pentes, changements de niveaux ou terrains de jeux, qui font l'objet d'un dessin spécifique, formant une série de repères, points de croisements piétons et de rencontres entre les différents quartiers. Ces éléments, plus structurés et identifiables, contrastent avec des espaces verts aussi foisonnants que diversifiés, qui se voient renforcés par une nouvelle campagne de plantations.

Maquettes exposées à la 15ᵉ édition de la Biennale de Venise « Nouvelles du Front ».
Models exhibited at the 15th edition of the Venice Biennale "Reporting From The Front".

ARCHITECTE / ARCHITECT
LAN ARCHITECTURE
TCE / ALL TRADES ENGINEERING
BETEREM
PAYSAGE / LANDSCAPE
BASE
HQE / HEQ
FRANCK BOUTTÉ

WHAT SHALL WE DO ABOUT "GRANDS ENSEMBLES"? – The Génicart district, located near the center of Lormont and adjacent to the town's main urban and interurban network, consists primarily of collective and social housing. Comprising 10% of the city's municipal territory, it accommodates roughly 10 500 people and 50% of Lormont's population. This ambitious urban and social renovation project is organized around four different residences, located on the South sector of the district: Saint Hilaire, Leroy, La Boétie and Villon. The project has established a residentialization program. Housing units are gradually distinguished from one another, and public space follows suit. By creating pathways and a more progressive hierarchy of the public and the private, the presence of unused collective space is reduced.
Each residential group is reconfigured into a distinctive entity and follows the logic of the plot area. The renewal of the facades, which is initially designed to thermally insulate the building, creates an opportunity for a dualistic approach to the rehabilitation. On one side, the rehabilitation has presented an opportunity

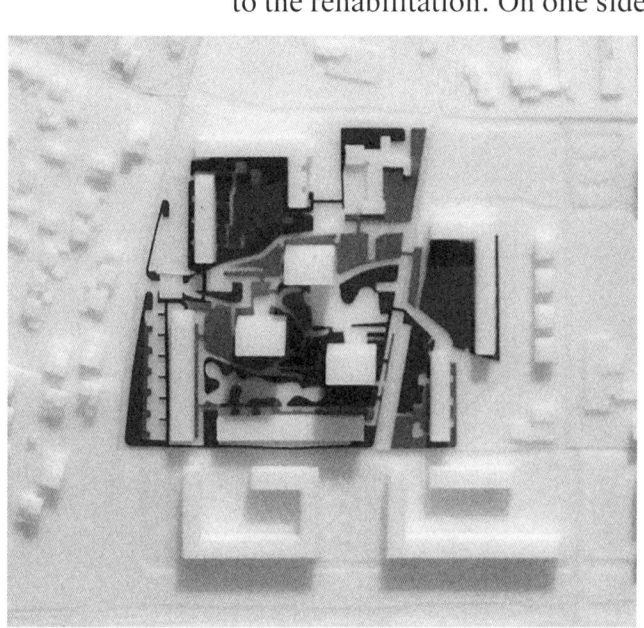

to generate more space through creating additional rooms, loggias and balconies. On the other, it has defined a new form of architecture, visibly distinguishing each city block from one another. The three towers of Saint Hilaire define with their new envelope a bright square and a playground area. Leroy, situated on a wooded hill, creates a bucolic atmosphere. Boétie, positioned around a large central lawn, is reestablished by new landscapes and equipped with linear seatings, offering open green spaces for families. Villon, situated at a crossroad in the heart of a forested area sheltered from wind, offers sunshine in the afternoon and a space for relaxation, hidden from major traffic at the Saint Hilaire esplanade and peripheral highways. Public spaces, that are more open and better equipped than a pedestrian urban park, occupy the center of the district. The parking areas are entirely redesigned, rationalized and concentrated around the site's edges. As a result, the absence of vehicles will create a veritable urban park at the foot of the buildings. Within this park, wooden and concrete elements will be placed to serve as transitional spaces, terraces, retaining walls, abrupt shifts of the levels and playground areas. Each space creates a network of wooden and concrete landmarks, pedestrian pathways and meeting places between the housing groups.
These more structured and identifiable features contrast with the abundance and diversity of green spaces, which have been enhanced by a new planting campaign.

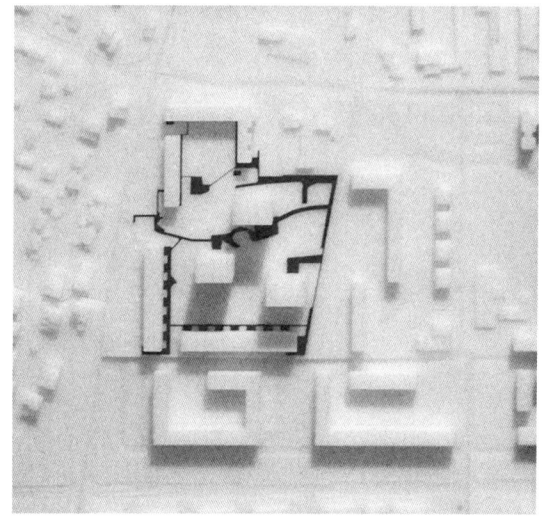

Jeux pour enfants
Playground

PROJET
Bègles
Terres Neuves : 79 logements

PROJECT
Bègles
Terres Neuves: 79 housing units

Principes de façade
Facade design principles

L'INDIVIDUEL COLLECTIF

Ayant comme point de départ le climat spécifique de la ville de Bordeaux, le projet développe une typologie inédite qui vise à combiner les qualités de la maison individuelle avec celles du logement collectif. Chaque logement bénéficie d'une possibilité d'évolution grâce aux surfaces extérieures hybrides.

THE COLLECTIVE INDIVIDUAL

Taking the specific climate of the city of Bordeaux as a starting point, the project develops an original typology that aims to combine the qualities of the individual house with those of collective housing. Each dwelling benefits from the possibility of evolution thanks to the hybrid exterior surfaces.

CLIENT
ATARAXIA
BUDGET
8,1 M€ HT
SURFACE / AREA
6 311 M²
CALENDRIER / CALENDAR
2009–2015

UN NOUVEAU CADRE DE VIE ÉCOLOGIQUE ET SOCIAL ADAPTÉ AU 21ᴱ SIÈCLE.– La richesse et l'intérêt majeur du projet se situent dans la possibilité d'inventer un mode de vie qui traduit à la fois un caractère urbain, et qui s'installe dans un cadre fortement expérimental, permettant d'affirmer de nouvelles architectures écologiques et contemporaines. La diversité des propositions architecturales, des espaces publics, collectifs et privés se doit d'assurer et de mettre en valeur cette spécificité.
Le point de départ du projet a été de « sculpter » les volumes, afin d'en exploiter le potentiel d'urbanité et les qualités spatiales intrinsèques.
L'observation et l'étude des modes de vie des Béglais ont conduit la recherche vers une typologie hybride, entre la maison individuelle et le logement collectif.
Il s'agit d'une forme émergente d'un habitat intermédiaire, susceptible de conjuguer désir d'intimité et plaisir de sociabilité.
La logique d'empilement des containers a inspiré la démarche : une étude attentive des modes d'habitat, des conditions climatiques et de la course du soleil pendant toute l'année a suggéré la façon d'organiser cette superposition.
La structure porteuse du projet est de type poteaux-dalles avec un système de façades légères qui permet d'atteindre un niveau d'isolation ultra performant.
L'épaisseur relativement faible des corps de bâtiment induit une recherche stratégique de compacité. L'idée de compacité variable introduit la notion d'adaptabilité d'un logement au rythme des saisons et du jour, chacun ayant la possibilité d'utiliser son espace extérieur comme une protection aux vents, une mini-serre climatique ou, à l'inverse, comme une machine à rafraîchir et à ventiler.
La morphologie de chaque unité est issue de la volonté de développer des logements qui permettent une multitude de fonctionnements de façon très simple et sans surenchère technique. Le projet propose donc des logements traversants, ayant un espace extérieur adaptable et offrant au moins deux orientations.

ARCHITECTE / ARCHITECT
LAN ARCHITECTURE
STRUCTURE / STRUCTURE
BATISERF
FLUIDES / M.E.P.
LBE
HQE / HEQ
FRANCK BOUTTÉ
ÉCONOMIE / ECONOMY
BMF

A NEW, ECOLOGICAL AND SOCIAL LIVING SPACE GEARED TO THE 21ˢᵀ CENTURY – The project's richness and major interest lie in the possibility of inventing an urban lifestyle set in a highly experimental framework enabling the affirmation of new ecological and contemporary architectures. The diversity of architectural propositions and communal and private spaces had to ensure and enhance this specificity.
The starting point for the development of the project was to "sculpt" the volumes in order to exploit their urban potential and intrinsic spatial qualities.
Observation and study of the lifestyles of the inhabitants of Bègles led the research toward a hybrid typology between the house and the apartment. This is an emerging form of intermediate housing that can combine the desire for privacy with the pleasure of sociability.
The logic of stacking containers inspired the approach: a careful study of living patterns, climatic conditions and the path of the sun throughout the year suggested how to organize this superposition.
The project's column-slab supporting structure has a system of lightweight facades providing ultra-high performance insulation.
The relative narrowness of the buildings dictated a strategic search for compactness. The idea of variable compactness introduced the notion of a housing unit's adaptability to seasons and times of day. All residents have the possibility of using their exterior space as a windbreak, a mini-greenhouse or, conversely, as a means of cooling or ventilating.
The morphology of each unit stems from the wish to develop housing units enabling a variety of uses very simply and with no extra technological input. The project therefore proposes cross-building units with adaptable exterior spaces and at least two different orientations.

Depuis l'avenue Robert Schuman
From Robert Schuman Avenue

Escaliers dans la cour
Stairs in the court

Depuis la rue des Mûriers
From rue des Mûriers

PROJET
Hambourg
Neue Hamburger Terrassen : 33 logements participatifs

PROJECT
Hamburg
Neue Hamburger Terrassen: 33 participatory housing units

Falkenried-Terrassen, quartier résidentiel ouvrier de Hambourg
Falkenried-Terrassen, working-class residential district in Hamburg

HABITAT PARTICIPATIF

Produit dans le cadre de l'IBA Hamburg 2013, ce projet réinterprète l'héritage architectural des Hamburger Terrassen, un type de logements ouvriers en bande, pour en restituer une version évoluée et contemporaine.
Les habitants, réunis sous forme de Baugruppen, ont participé à la conception et voté chaque étape de ce projet.

PARTICIPATORY HOUSING

Produced as part of IBA Hamburg 2013, this project reinterprets the architectural heritage of the Hamburger Terrassen, a type of row housing for workers, into an evolved and contemporary version. The residents, gathered in the form of Baugruppen, participated in the design and voted at every stage of the project.

CLIENT
**IBA HAMBOURG -
NEUE HAMBURGER TERRASSEN GMBH**
BUDGET
6,2 M€ HT
SURFACE / AREA
4 260 M²
CALENDRIER / CALENDAR
2008–2014

HOLZBAUPREIS BAUEN
MIT HOLZ IN SCHLESWIG
– HOLSTEIN
UND HAMBURG 2015
Reconnaissance
Commendation

CARL-FRIEDRICH
FISCHER PREIS 2014
HUMANES WOHNEN
1er Prix
1st Prize

INTERNATIONAL
ARCHITECTURE
AWARD 2014
1er Prix du Chicago
Athenaeum
1st Prize of the Chicago
Athenaeum

BAUWERK DES JAHRES
2013 AIV HAMBOURG
Nominé
Commendation

WAN RESIDENTIAL
AWARD 2013
Finaliste
Finalist

PROCESSUS PARTICIPATIF – Réalisée à Hambourg dans le cadre d'un processus participatif, l'opération New Hamburger Terrassen s'inscrit dans le prolongement d'un premier concours d'urbanisme remporté en 2008 sur le quartier de Wilhelmsburg. Composée de 33 habitations individuelles et collectifs (20 maisons et 13 logements), elle s'organise en quatre îlots en U. Outre la particularité de s'inscrire dans un plan d'aménagement urbain conçu par l'agence, elle se démarque par sa recherche typologique, inspirée du modèle des Terrassen, les maisons ouvrières locales. Sans sombrer dans le pastiche de l'icône de la Terrassen qui se caractérise par son front bâti homogène et une allée centrale piétonnière, c'est une version évoluée et contemporaine qui est livrée. Tout en tirant avantage de ses grands principes d'ordonnancement, ceux de la maison en bande y sont associés. Pour répondre à l'enjeu de la création d'un nouveau modèle urbain durable, il s'est agi d'intégrer les thèmes de la maison individuelle, de la voiture, de la définition des espaces publics et collectifs et de la qualité environnementale.

De densités différentes et s'allégeant vers le parc, les lots s'alignent en face à face sur une voie centrale. La largeur de cette dernière a été réduite a minima afin de ralentir les circulations et de développer une ambiance végétale et piétonnière. Pris dans un tout harmonieux, chacun des ensembles conserve son identité propre. La modénature des façades en bois varie en fonction de leur emplacement et des voies de desserte viennent ponctuer de percées visuelles la continuité du front urbain vers les espaces verts alentours. Pour établir une relation directe entre le rez-de-chaussée et les espaces publics, les places de parking sont couvertes et réparties aux angles des bâtiments. Aucune clôture ne vient interrompre les espaces privés donnant sur la rue ; et il en est de même pour les autres jardins, ce qui favorise leur appropriation par les résidents. Grâce à la configuration en U des bâtiments, qui accentue l'intimité des voies, optimise la connexion avec le parc, fabrique des intériorités et des angles ; trois types d'espaces et de socialisation ont été définis : public avec le front sur rue, collectif avec des jardins partagés dans les cours intérieures et privé avec des terrasses individuelles et des jardins privatifs.

Constitués en Baugruppen – à savoir ici un groupement de 80 particuliers assurant le rôle de maîtrise d'ouvrage –, les futurs résidents ont choisi les architectes à l'issue d'une présentation publique. Les logements ont donc été conçus en concertation directe avec les habitants à travers la mise en place d'un accompagnement pédagogique qui s'apparente à une expérience sociale à part entière. Un bloc accueille d'ailleurs des celliers et une salle commune. Tout en gardant un système de composition cohérent établi soit sur la façade, sur le côté ou en angle, chaque habitation est différente de sa voisine et chaque typologie est unique. Les variations sont multiples et les résidences ont toutes été aménagées sur mesure en fonction des demandes concernant les programmes, les surfaces ou les finitions. Jusque dans la conception des logements, l'opération est l'expression d'une forme « d'individualisation collective » qui s'applique autant au contenant qu'au contenu. Auréolée de succès, elle n'aurait pas atteint le même degré qualitatif sans la maîtrise du plan urbain et du traitement des espaces publics et végétalisés dont la grande fluidité participe à établir des limites naturelles entre le privé et le collectif.

ARCHITECTE / ARCHITECT
LAN ARCHITECTURE
STRUCTURE / STRUCTURE
INGENIEURBÜRO SCHREYER
PAYSAGE / LANDSCAPE
WFP

PARTICIPATIVE PROCESS – The Neue Hamburger Terrassen were built in Hamburg through a participatory process. They formed part of an extension of an initial urban development competition for the Wilhelmsburg neighborhood, won in 2008. Consisting of 33 individual and collective residences (20 houses and 13 housing units), it is laid out in a U-shape across four blocks. Aside from the particularity of forming part of an urban development plan that LAN designed, it is also characterized by its typological research, which was inspired by the model of the Terrassen, the local worker homes. However, the project was not to fall into the trap of passively recreating the iconic Terrasse, characterized by the homogeneity of its row housing and a central pedestrian path, and instead it provided a developed, contemporary version.

It used its general organizing principles such as the row house. To meet the challenge of creating a new, sustainable urban model, it seeks to integrate the themes of the individual house, the car, the definition of public and shared spaces, and environmental quality.

The lots are lined up facing one another along a central street in a variety of densities that thin out as one approaches the park. The width of the street is narrowed as much as possible to limit traffic and create a greener, pedestrian-oriented experience. Within a harmonious whole, each ensemble preserves its own identity. The ornamentation of the wood facades varies depending on their placement, and the service roads visually puncture the continuity of the urban front to reveal the surrounding green spaces. To establish a direct relation between the ground floor level and the public spaces, the parking spots are covered and placed at the buildings' corners. No closure interrupts the private spaces that look out onto the street. The same is true for the gardens, which encourages their appropriation by the residents. The U-shaped configuration of the buildings accentuates the sense of intimacy to the paths, optimizes the connection with the park, and creates a sense of interiority and corners. Three types of spaces and forms of socialization were defined: the public with the front along the street, collective and private in the interior courtyards with shared and private gardens, as well as individual terraces.

The future residents were organized into Baugruppen, groups of 80 individuals who held the role of the commissioning client; it was they, the future residents, who chose the architects at a public presentation. Therefore, the housing units were designed in direct cooperation with the inhabitants through the implementation of a pedagogical support process, a wholly new social experience. One block also houses the storerooms and a common room. The project maintained a coherent composition system for the facades, sides, and corners, but each residence is different from its neighbor and each typology is unique. There are multiple variations and, in terms of their programs, surface areas, or finishings, the residences were all custom arranged in function of residents' demands. Even the design of the housing units expressed a form of "collective individualization" that applies to both container and content. Lauded for its success, it would never have achieved such a level of quality without a mastery of the urban development plan and the treatment of the public, green spaces, whose considerable fluidity helps create natural boundaries between private and collective.

Concept d'implantation des nouvelles Terrassen
Layout concept for the Neue Terrassen

Depuis le parc
From the park

Façade sur rue
Facade facing the street

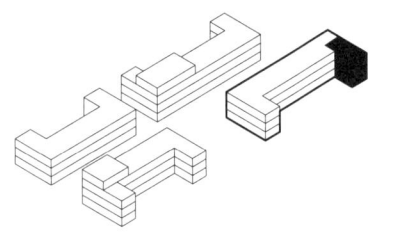 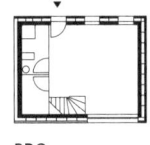 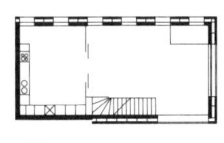 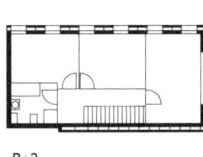 

TRIPLEX D'ANGLE - 138 m² — RDC — R+1 — R+2

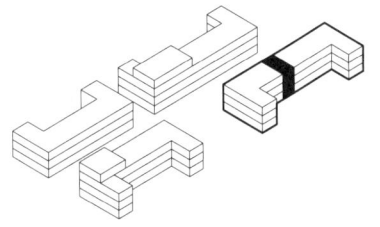 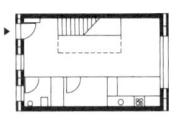 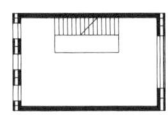 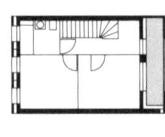 

TRIPLEX BANDE - 105 m² — RDC — R+1 — R+2

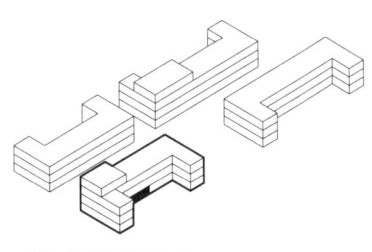 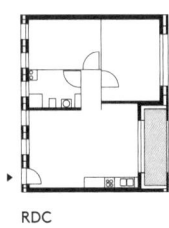 

SIMPLEX BANDE - 68 m² — RDC

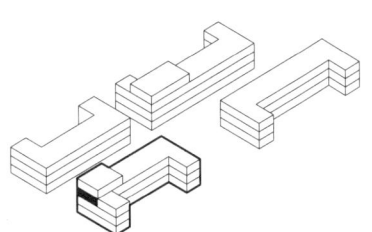 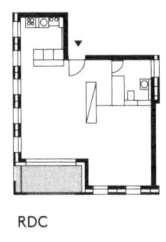 

SIMPLEX D'ANGLE - 56 m² — RDC

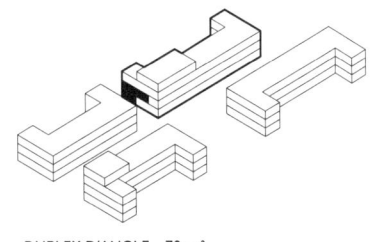  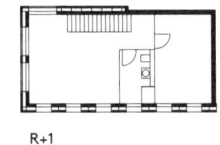 

DUPLEX D'ANGLE - 78 m² — RDC — R+1

Typologies de logement
Housing typology

PROJET
Chelles
Gymnase municipal

PROJECT
Chelles
Municipal Gymnasium

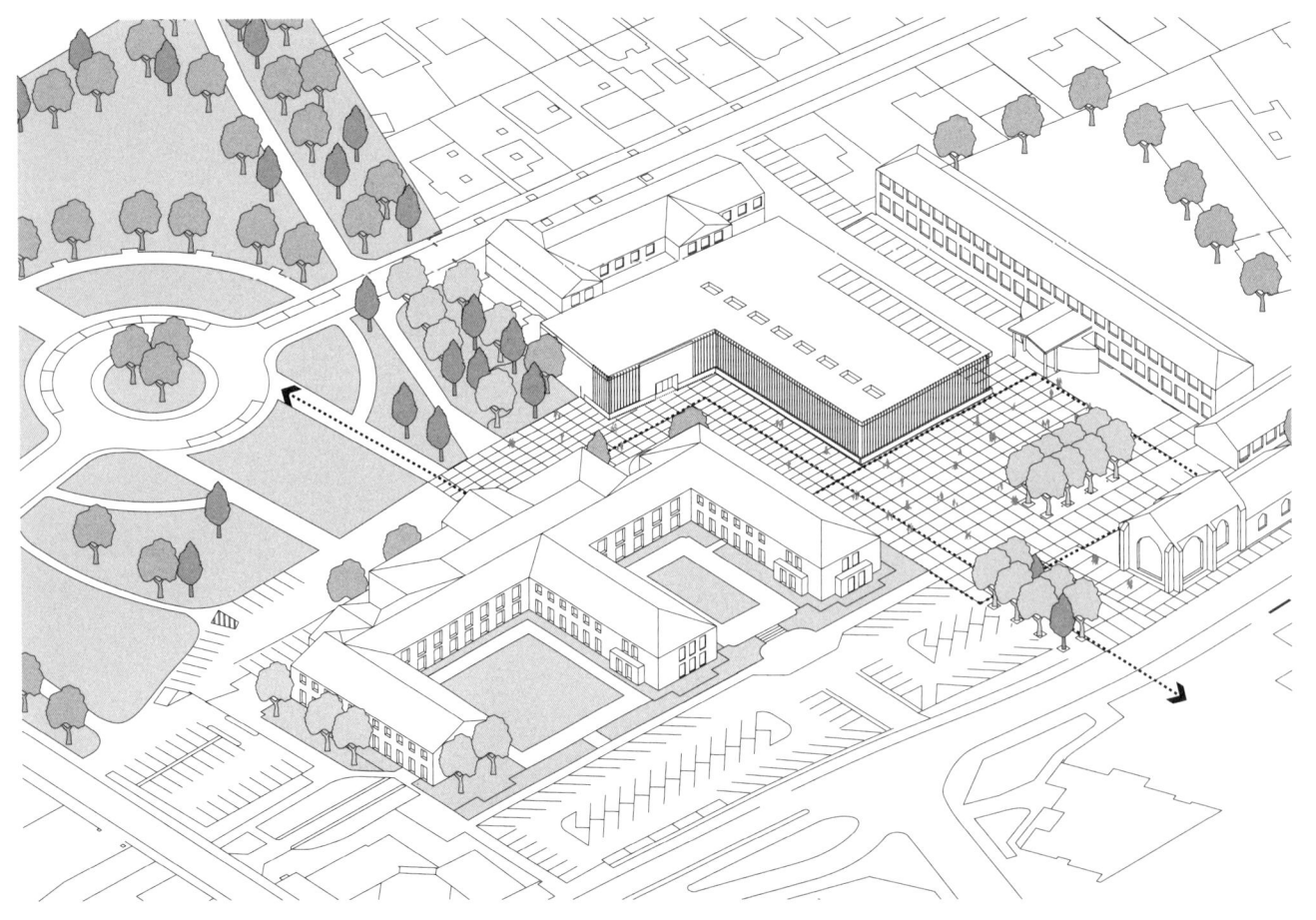

Axonométrie du projet
Project axonometry

AGORAS PÉRIPHÉRIQUES

Au-delà de sa vocation sportive, le gymnase de Chelles a été l'occasion de se servir d'un projet architectural pour résoudre des questions urbaines. Il s'agissait de saisir les opportunités offertes par un contexte extrêmement hétérogène, où se concentrent tous les symboles et les pouvoirs de la ville (l'Église, l'État, la culture, l'enseignement, le sport), pour que ce bâtiment devienne avant tout un projet d'agora et de centre-ville.

PERIPHERAL AGORAS

Beyond its sporting vocation, the Chelles gymnasium was an opportunity to use an architectural project to solve urban issues. The aim was to seize the opportunities offered by an extremely heterogeneous context, where all the symbols and powers of the city are concentrated, so that this building would become above all an agora and city center project.

CLIENT
VILLE DE CHELLES
BUDGET
5,3 M€ HT
SURFACE/AREA
**2 200 M² BÂTIMENT/BUILDING
2 857 M² AMÉNAGEMENT EXTÉRIEUR
/EXTERIOR DESIGN**
CALENDRIER/CALENDAR
2008–2012

AGORA – Construire un équipement public, quelque soit l'envergure de son programme, est un événement important pour une commune. À Chelles, la charge symbolique de ce projet est d'autant plus élevée qu'il appartient au nouveau gymnase d'améliorer la lisibilité urbaine du centre-ville. Calée entre la mairie, le collège et un centre d'art contemporain aménagé dans deux anciennes églises par Marc Barani et Martin Szekely, la parcelle dédiée à la construction se situe dans un contexte extrêmement hétérogène où se concentrent de multiples symboles (l'Église, l'État, la culture, l'enseignement et le sport). Tout y est, mais tout semble davantage juxtaposé que réellement ordonné autour d'une place identifiable. Dès lors, le nouvel équipement doit s'immiscer dans cette densité pour la remodeler et élever l'espace public à l'échelle qui doit être la sienne, celle d'une agora. La composition formelle et l'insertion volumétrique du projet sont faites en ce sens ; comme les choix matériels qui guident son dessin et façonnent son identité, pour qu'il trouve sa place au sein de ce voisinage de caractère. Implantée parallèlement à la fois à l'hôtel de ville et au collège, la construction cadre par ses deux ailes un nouveau chemin qui relie le parc public, au Sud de l'ensemble, au centre d'art contemporain situé à l'opposé du site. L'empreinte du nouveau bâtiment est régulière et franche pour définir précisément les espaces publics, habillés d'un damier de dalles de béton bouchardé et de plaques de béton d'aspect cuivré. Désormais, la piazza et la nouvelle rue piétonne s'imposent avec évidence dans la composition du centre-ville, comme leurs usages et les circulations piétonnes qui les traversent, maintenant fluides. Une fois les volumes en place, l'enjeu devient architectural car installer un équipement sportif en plein cœur de ville oblige à innover dans la forme. Trop souvent, les gymnases se résument à des boîtes opaques, sourdes et aveugles au contexte qui les accueille. À Chelles, en s'ouvrant, l'architecture peut participer à la reconstruction d'une cohérence urbaine.

Le bâtiment est réalisé en structure mixte : acier pour la grande salle, béton pour le petit volume regroupant la salle annexe et les bureaux. Le traitement de la façade, constituée de deux couches, est plus original. La première, en verre, laisse pénétrer la lumière naturelle dans la grande salle multisport. La seconde, en cuivre, s'adresse au contexte. Elle colore et magnifie le reflet des immeubles voisins que renvoie la nouvelle façade. Si le rendu est sophistiqué, le complexe technique mis en œuvre est simple. Visible à l'intérieur, une paroi en béton isolée supporte des panneaux de bois fixés entre les montants du mur-rideau. Les plaques de cuivre habillent le verso de ces derniers. Cette double peau assure une isolation acoustique optimale et réduit la résonance dans le gymnase. Vu de l'extérieur, le cuivre, qui évoluera du rose au brun, offre une allure précieuse au nouveau bâtiment. C'est un kaléidoscope qui fragmente, diffracte et réfléchit l'image des édifices qui l'entourent pour composer une vision neuve, plus sensible et poétique de la ville. Tandis que son inscription urbaine marque sa présence, la peau du bâtiment crée une ambiguïté. Elle le vide de sa matérialité, jusqu'à le faire disparaître dans une forme de respect face aux institutions qui l'entourent. La nuit, le jeu s'inverse et les lumières de la salle de sports éclairent l'agora.

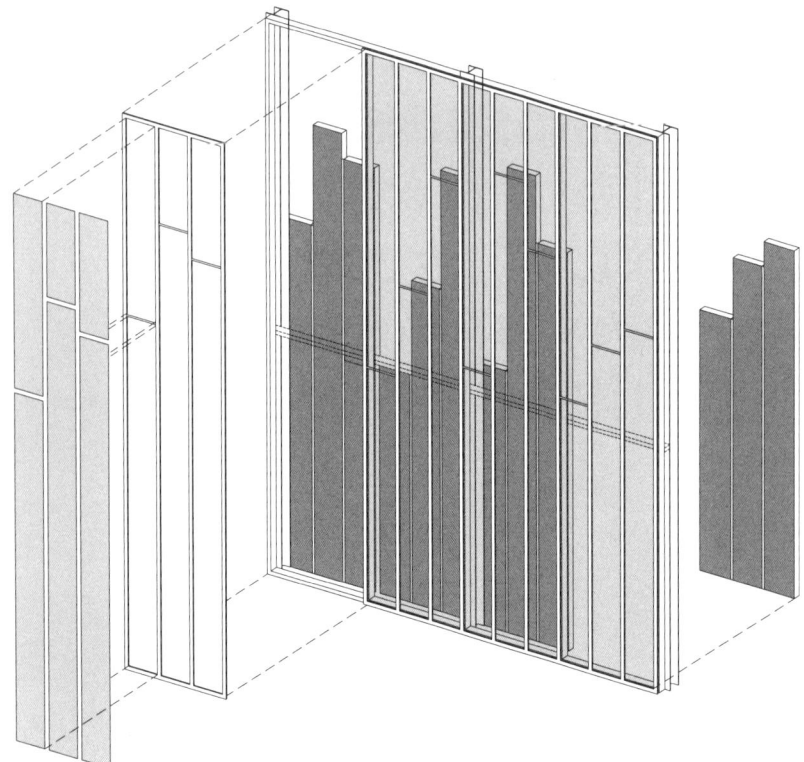

Détail axonométrique de la façade
Axonometric detail of the facade

ARCHITECTE / ARCHITECT
LAN ARCHITECTURE
TCE / ALL TRADES ENGINEERING
BETEM
HQE / HEQ
ISABELLE HURPY
ACOUSTIQUE / ACOUSTICS
CAP HORN SOLUTIONS

AGORA – The construction of a public facility is an important event in the life of a city, whatever the scope of the program. In Chelles, the project acquired even more symbolic weight because the gym was supposed to improve the urban legibility of the downtown area. Wedged in between the town hall, the middle school, and a contemporary arts center fashioned from two old churches by Marc Barani and Martin Szekely, the parcel allocated for the gym's construction is located in an extremely heterogeneous context of Church, State, culture, education, and athletics. Everything is there, but it all seemed merely juxtaposed rather than truly ordered around an identifiable square. Consequently, the new facility had to enmesh itself in this density to remodel it and elevate the public space to its due level, that of an agora. This is the reason for the project's formal composition and the insertion of its volume, just as the choice of materials guided the design and fashioned its identity so that the gym would find its place within this neighborhood of considerable character.

The construction is situated parallel to both the town hall and the middle school. The "L" shape of its two wings creates a new path connecting the public park to the southern part of the square across from the site, where the contemporary arts center is situated. The new building's regular and straightforward imprint defines the public spaces precisely, which are decorated in a checkerboard pattern of bush-hammered concrete slab and copper-like concrete plates. The piazza and the new pedestrian walkway have become a prominent feature of the downtown's layout, as have the usages and pedestrian traffic that cut through them, which are now fluid. Once the volumes were arranged, the challenge then became architectural, because installing an athletics facility right in the heart of a downtown demanded an innovative form. All too often gyms resemble opaque boxes that are deaf and blind to their surrounding context.
In Chelles, by opening up the architecture, this project was able to participate in the reconstruction of a city's coherence.
The building has a mixed structure of steel for the main hall and concrete for the small volume that holds the annex and the offices. The two-layered facade is more original. The first layer made of glass allows natural light to enter the main multisport hall. The second, in copper, exists in relation to the surrounding context. It colors and magnifies the reflection of the neighbouring buildings in the new facade. The result is sophisticated, but the technique is simple. An insulated concrete wall within holds up wooden panels between the posts of the curtain wall. The copper plates are affixed to their backside. This double skin creates an optimal acoustic insulation and reduces echoes in the gym. Seen from the outside, the copper (which will change over time from pink to brown) gives the new building a precious sense of allure. It is a kaleidoscope that fragments, refracts, and reflects the image of the surrounding buildings, thereby creating a new, more sensitive and poetic image of the city. The building's insertion into the city marks its presence, but its skin creates a sense of ambiguity by eliminating its sense of materiality, to the point of making it disappear in a gesture of respect to the surrounding institutions. Nighttime reverses this process, when the lights in the sports hall illuminate the agora.

Jeux de réflexion sur les façades
Play of reflections on the facades

Intérieur des salles de sport
View from the sports hall

PROJET
Paris XVIII
Résidence étudiante Pajol 2 : 143 unités

PROJECT
Paris XVIII
Pajol 2 student residence: 143 housing units

PARTOUT COMMUN

La résidence étudiante Pajol 2 se compose de plusieurs bâtiments qui offrent autant de typologies d'habitat. C'est un programme très dense qui ne compte pas d'espaces communs généreux. Afin de pallier ce manque, le projet profite de chaque occasion, de chaque vide, de chaque coin, de chacun escalier, de chaque terrasse, pour proposer un espace de sociabilité. Tout est dessiné dans un souci de convivialité et tous les espaces entretiennent une ambiguïté sur leurs usages qui restent à inventer ou à découvrir par les habitants.

EVERYWHERE SHARED SPACES

The Pajol 2 student residence consists of several buildings that offer a variety of housing typologies. It is a very dense program that does not have generous common spaces. To overcome this lack, the project takes advantage of every opportunity, every void, every corner, every staircase, and every terrace to offer a space for socializing. Everything is designed with a focus on conviviality, and all spaces maintain an ambiguity about their uses that remain to be invented or discovered by the inhabitants.

CLIENT
RIVP – CROUS
BUDGET
8 M€ HT
SURFACE/AREA
3 950 M²
CALENDRIER/CALENDAR
2007–2015

BIGMAT FRANCE 2013
1ᵉʳ Prix
1ˢᵗ Prize

CIVIC TRUST AWARDS 2013
Recommandation
Commended

INTERARCH 2012
Prix Spécial de
l'Ambassade Américaine
Special Prize from
the American Embassy

PRIX AMO 2011
Prix de la Fondation
d'entreprise
Excellence SMA
Prize of La Fondation
d'entreprise
Excellence SMA

ÉQUERRE D'ARGENT 2011
Nominé
Commendation

SAIE SELECTION
AWARDS 2011
1ᵉʳ Prix
- Young Architects,
Section brique
1ˢᵗ Prize
- Young Architects,
Section : brick

DENSITÉ – Dans le quartier de La Chapelle à Paris, la population est aussi variée que l'architecture. Les immeubles haussmanniens jouxtent les entrepôts et les ateliers de petits artisans voisinent ceux de la SNCF le long des voies ferrées de la Gare de l'Est. Construire ici une résidence étudiante introvertie, tournant le dos à la richesse culturelle propre aux quartiers populaires, est impossible. Le nouveau programme doit participer à l'animation des rues. Mais il doit également ménager un espace propice à la concentration des étudiants et, pourquoi pas, favoriser la création d'une communauté des résidents – forcément seuls dans leurs studios – autour d'espaces partagés. Jouer avec la densité du programme et les sauts d'échelles dictés par le règlement d'urbanisme permet de formaliser ce paradoxe.
Les 143 studios se répartissent en plusieurs volumes autour d'une cour intérieure, sorte de place de village. Creusé de deux failles, le front de rue abandonne un peu de sa linéarité au profit de l'animation de l'espace public, où l'occupation du terrain est mise en scène. Le premier vide sert d'accès depuis la rue, le second accueille les escaliers métalliques qui desservent les étages de la résidence. Au rez-de-chaussée, un parking à vélo glissé sous les logements est également visible depuis la rue. La fine grille d'inox qui le protège laisse filer le regard jusqu'au cœur de l'îlot. On devine la chaleur de ce dernier tant son ambiance lumineuse tranche avec la façade sur rue, habillée de briques moulées main couleur ardoise. La cour intérieure, entourée de bâtiments bardés de mélèze, est baignée d'une lumière dorée. Jouer sur les contrastes matériels était un autre moyen de façonner l'urbanité du projet en même temps que de lui offrir de la convivialité.
Travaillée avec attention, la cour est le cœur fonctionnel et communautaire de ce petit village. Elle permet de rejoindre les appartements installés en fond de parcelle. Le système de distribution qui s'y accroche est très lisible : telles des rues, les quatre blocs de circulations verticales sont situés aux quatre angles du terrain. Souvent extérieurs, on y accède parfois en passant sous un porche.
D'une superficie moyenne de 18 m², les studios sont agréables à vivre. Si la surface vitrée peut varier d'un logement à l'autre, la possibilité de profiter d'un balcon ou de partager une terrasse est une plus-value dans un programme de petites habitations tel que celui-ci. Enfin, le mobilier en partie conçu sur-mesure (le bureau et son éclairage, l'étagère, etc.) ainsi que les persiennes participent à l'attrait des lieux, comme la cour intérieure. Car, grâce à la générosité de ses dimensions – un carré de 15 m de côté –, cette dernière est un agréable jardin sur lequel s'ouvrent les locaux collectifs (une salle commune et une salle informatique).
Être le nœud fonctionnel du projet était l'assurance de l'occupation de cet espace extérieur, où les échanges entre résidents ont la place de se tisser. Les surfaces horizontales et verticales sont revêtues du même matériau clair et souple, habituellement réservé aux terrains de jeux et à même d'assurer leur bonne tenue dans le temps. Ce revêtement amortissant les bruits de pas est aussi ludique que confortable. Élargis, les rebords des grandes jardinières qui en émergent sont autant de bancs où l'on peut s'asseoir pour profiter d'un peu de calme au cœur de l'agitation urbaine.

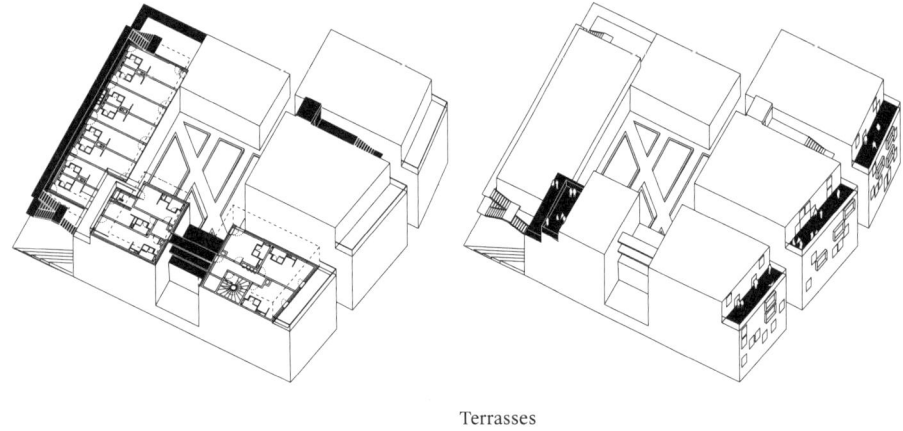

Circulation

Terrasses
Terraces

ARCHITECTE / ARCHITECT
LAN ARCHITECTURE
STRUCTURE / STRUCTURE
BATISERF
HQE / HEQ
FRANCK BOUTTÉ
TCE / ALL TRADES ENGINEERING
LGX INGÉNIERIE

DENSITY – The population of the La Chapelle neighborhood in Paris is as varied as its architecture. Haussmann-era buildings stand next to warehouses and industry workshops bordering those of the SNCF along the tracks leading into the Gare de l'Est. It would have been inconceivable to build a student residence here that would turn its back on the area's cultural wealth. In fact, it was imperative that the new program interact with and contribute to the sense of liveliness of the neighborhood's streets. At the same time, the space had to foster a sense of concentration among the students, as well as a sense of community among the residents (usually alone in their rooms) in the common spaces. By playing with the program's density and the jumps in scale mandated by zoning laws, the project came to a form that embraced this paradox. The 143 studios are divided among several volumes that sit around a courtyard that becomes a sort of village square. The street frontage is hollowed out by two openings, giving up some of its linearity in favor of the liveliness of the public space. The first empty space provides access from the street, and the second hosts the metal stairways that access the different floors of the residence. On the ground level, a bicycle parking space tucked in underneath the housing units is also visible from the street. The fine stainless steel grill that protects them also gives passersby a glimpse into the middle of the block. The courtyard's sense of warmth increases the more its luminous ambience contrasts with the darker facade on the street, which is covered with handmade, slate-colored bricks. The courtyard, surrounded by buildings with a larch wood siding, is bathed in a golden light. Playing on the contrasts in the materials was another way for us to imbue the project with a sense of urbanness while also providing a sense of conviviality.

The courtyard is the functional and communal heart of this small village. It provides access to the individual residences located at the back of the parcel. The distribution system is very legible: like the streets, the four vertical circulation blocks are situated at the four corners of the block. They are often exterior and sometimes accessible by passing under a porch. The studios, 18 m² in size, are very livable. The window area varies from one unit to the other, but access to a balcony or the sharing of a terrace adds significant value to a program of small residences such as these. Lastly, the furniture, which was in part custom designed (the desk, the lighting, the bookcase, etc.), as well as the blinds contribute to the general sense of attractiveness, like the courtyard. Due to its ample size (a 15 m square), the courtyard is a pleasant garden onto which the collective spaces look (a common room and a computer room). Making this exterior space the functional core of the project ensured that it would be occupied; the space encourages the students to engage with one another and form connections.

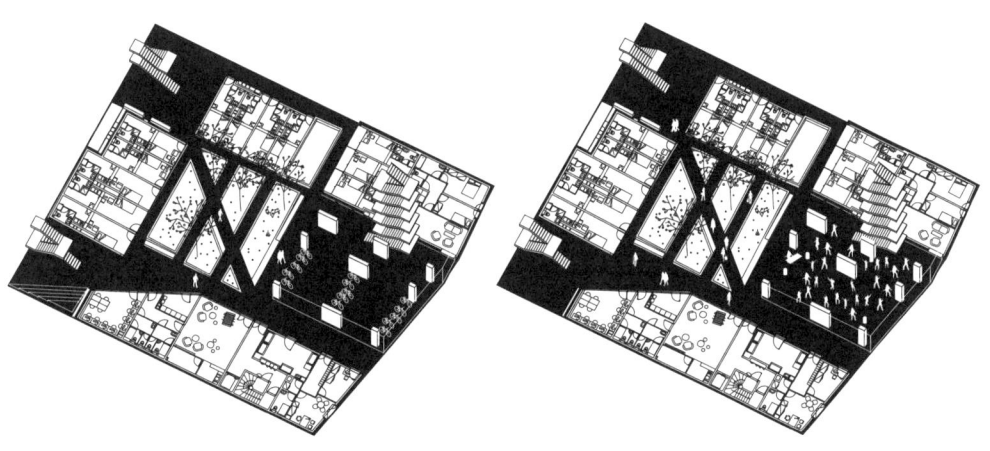

Local vélos / espace de convivialité
Bicycle parking / space for conviviality

The horizontal and vertical surfaces are covered with the same supple, light-colored material usually reserved for playgrounds, which ensure their durability over time. Softening the noises of footsteps, it is as playful as it is comfortable. The wide rims of the garden beds also serve as benches where students can sit and enjoy a bit of peace and quiet amidst all the liveliness and agitation of the city around them.

PROJET
Paris XX
Frequel-Fontarabie :
30 logements sociaux

PROJECT
Paris XX
Frequel-Fontarabie:
30 social housing units

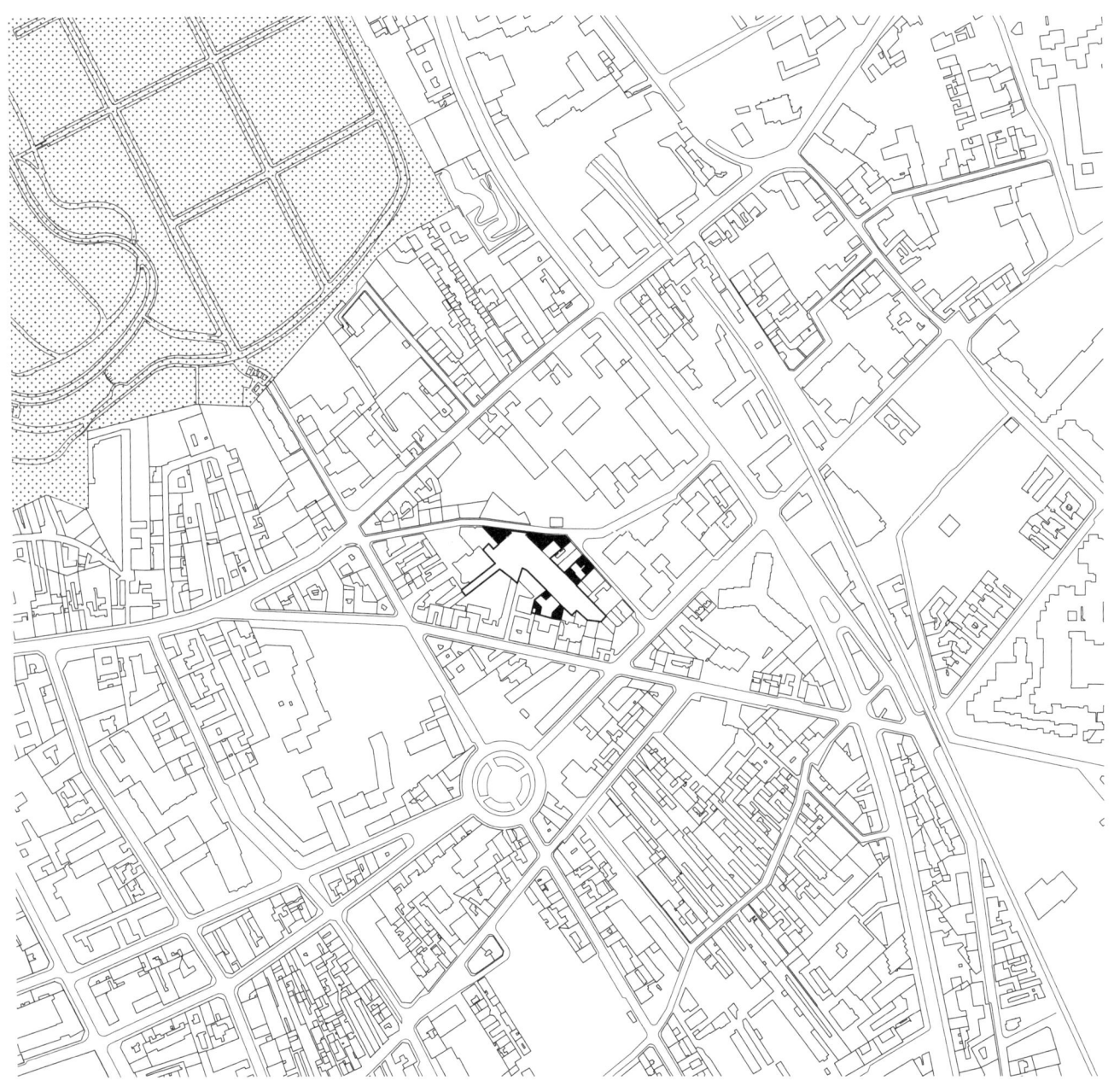

Plan masse
Masterplan

COUTURE SUR MESURE

Les quatre lots de Frequel-Fontarabie partagent le même programme mais diffèrent sensiblement dans leur rôle urbain. Le projet utilise toutes ces pièces pour fabriquer une couture « sur-mesure » capable d'assurer la continuité du bâti sur la rue, de définir un seuil entre la rue et la placette, de poursuivre la structure faubourienne et de donner une façade au parc.

MADE-TO-MEASURE

The four lots of Frequel-Fontarabie share the same programme but differ significantly in their urban role. The project uses all these parts to create a "made-to-measure" solution capable of ensuring the continuity of the building on the street, defining a threshold between the street and the square, continuing the faubourg-inspired layout and giving a facade to the park.

CLIENT
PARIS HABITAT
BUDGET
5,5 M€ HT
SURFACE/AREA
2 706 M²
CALENDRIER/CALENDAR
2007-2014

SAIE SÉLECTION
AWARDS 2009
2ᵉ Prix
2ⁿᵈ Prize

INTERNATIONAL
ARCHITECTURE
AWARDS 2009
2ᵉ Prix
2ⁿᵈ Prize

DÉCLINAISONS – La rénovation de l'îlot Fréquel-Fontarabie constitue la dernière étape de l'aménagement de la ZAC du quartier de la Réunion, vaste opération visant à résorber l'insalubrité qui mite le tissu faubourien de Paris. Caractérisé par un bâti hétéroclite et des friches artisanales, l'îlot est un témoin exemplaire de l'urbanisme de ces quartiers populaires. Sillonné d'un entrelacs de venelles, de cours et de passages piétons pittoresques, il se découpe en petites parcelles allongées où des maisons de ville cohabitent avec de grands ensembles résidentiels récents. Imaginés dans le cadre du réaménagement du quartier, ces trente nouveaux logements répartis dans quatre bâtiments proposent de reconstruire le tissu urbain en s'inspirant de sa morphologie historique (petits terrains et petits volumes bâtis) pour en établir une version adaptée aux enjeux environnementaux actuels. Si tous les lots du projet hébergent le même programme (des logements sociaux et des activités ou une PMI en rez-de-chaussée), leur rôle urbain diffère sensiblement suivant leur emplacement et influe sur leur composition intérieure. Au Nord, les lots 6A et 6B habillent d'anciens pignons aveugles pour cadrer l'entrée dans le cœur d'îlot – dernier grand terrain non bâti transformé en jardin public –, produisant des plans triangulaires d'apparence complexe. En réalité, ils sont l'occasion d'offrir plusieurs orientations aux habitations. Le lot 6C, implanté un peu plus loin dans la même rue, reprend quant à lui l'échelle et les proportions des immeubles voisins pour reconstruire un front bâti équilibré. Il comprend deux petits volumes, hébergeant deux et trois logements et organisés autour d'une cour partiellement partagée.

Les espaces collectifs, comprenant les couloirs, les cours et les escaliers, ont été particulièrement soignés dans chacun des quatre lots. Ainsi, le lot 6B est desservi par un escalier éclairé naturellement grâce à une large baie ouverte sur la rue. Dans le lot 3, situé de l'autre côté de l'îlot et divisé en deux petits volumes séparés par des jardins privatifs, les escaliers et les circulations horizontales sont extérieurs, offrant aux résidents une vue privilégiée sur toute la profondeur de l'îlot. Si le lot 6A est plus haut pour remplir sa fonction

d'immeuble d'angle et annoncer le passage public qui rejoint le jardin, le recul de ses deux derniers niveaux par rapport à l'alignement général assure une douce articulation avec les mitoyens, en dégageant de confortables terrasses filantes. L'orientation des parcelles est, de manière générale, très favorable à la qualité d'usage et à une conception durable des habitations. Elle permet d'orienter le plus grand nombre de logements et des terrasses privées sur le cœur végétal de l'îlot. Peu ouverts au nord et fortement isolés de ce côté grâce à la mise en œuvre de prémurs, les logements sont largement vitrés au Sud pour profiter au maximum de l'apport d'énergie solaire. L'écriture architecturale qui découle de ces choix privilégie la sobriété et le calepinage des matériaux sert à accentuer l'individualisation de chaque habitation. Les prémurs en béton lasuré noir cohabitent avec le bardage en mélèze du lot 3, tandis que des volets métalliques en accordéon habillent les façades Sud pour assurer une protection efficace contre les fortes chaleurs. Ces derniers évoquent les volets des vieilles demeures qui cadrent les places de village, ce que le jardin public qu'ils animent a vocation à devenir.

Façades du projet
Project facades

ARCHITECTE / ARCHITECT
LAN ARCHITECTURE
TCE / ALL TRADES ENGINEERING
LGX INGÉNIERIE
HQE / HEQ
FRANCK BOUTTÉ
PAYSAGE / LANDSCAPE
SONIA CORTESSE

VARIATIONS – The renovation of the Îlot Fréquel-Fontarabie is the last phase for the development zone in the Réunion district, a large operation that has sought to remove the insalubrity that has gradually nibbled away at the Faubourg texture of Paris. Characterized by ill-assorted constructions and artisanal wastelands, the block bears extraordinary witness to the urban development of these working class neighborhoods. Criss-crossed by a web of alleys, courtyards, and picturesque pedestrian walkways, it is divided into narrow but long parcels where city houses coexist alongside newer, large-scale housing projects. These thirty new housing units divided among four buildings were envisioned as part of the neighborhood's redevelopment. They attempt to reconstruct the urban fabric by creating a version of the historic morphology of small parcels and constructions that also responds to current environmental challenges. All the project lots host the same program (social housing units with activities or an SME on the ground floor), but their urban role differs perceptibly in function of their placement and influences their interior layout. To the north, lots 6A and 6B are decorated with old-style closed gables that frame the entrance into the heart of the block, the last large stretch of unbuilt ground that has been transformed into a public park. This yields triangular plans of a complex appearance. In reality, this serves to provide the residences with multiple orientations. Lot 6C, which is situated farther away along the same road, reproduces the scale and proportions of the neighbouring buildings to reconstruct a balanced surface among all the buildings. It comprises two small volumes housing two and three housing units respectively that are situated around a partially shared courtyard.

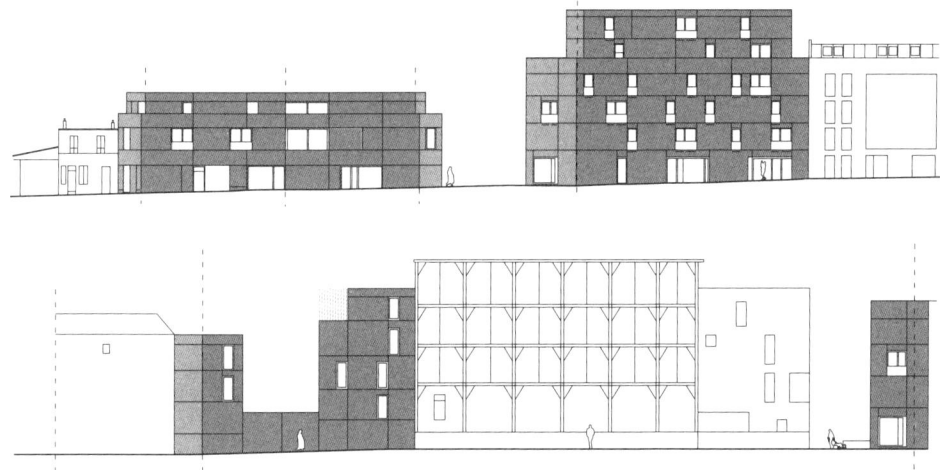

We paid a lot of attention to the collective spaces, including the hallways, courtyards, and stairwells, in each of the four lots. Thus, lot 6B has a stairwell that receives natural light from a large window facing the street. In lot 3, situated on the other side of the block and divided into two small volumes separated by private gardens, the stairwells and horizontal circulations are on the outside, which provides the residents with a perfect view of the entire depth of the block. Lot 6A is taller, in fulfillment of its role as a corner building and in announcement of the public passageway that leads into the park; however, its two upper floors are set back from the rest of the building's profile, which ensures a smooth transition to the neighboring buildings and opens up space for comfortable, free-flowing terraces. The parcels' orientation is generally very favorable for creating quality usage and a sustainable residential design. This allows the maximum number of housing units and private terraces to face the green heart of the block. The housing units barely face north and are strongly protected from this direction due to the use of double walls. They have a large window area facing south to benefit as much as possible from the sun's energy. The architectural style arising from these choices is sober, and the layout of the materials accentuates the indiividualization of each residence. The double walls in tinted black concrete coexist with the larch wood siding for lot 3. Metal accordion shutters adorn the southern facades to provide effective protection against the heat. They recall the shutters on old buildings that sit around village squares, which the public park strives to become.

Lot 3 depuis le jardin central
View of plot 3 from the central garden

Façades sur la rue intérieure
Facades on the inner street

PROJET
Bure
Centre d'Archives National EDF

PROJECT
Bure
National Archives Center EDF

Archives

328

ABSTRACTIONS

Un bâtiment d'archives est un édifice à forte inertie, une architecture compacte et technique, souvent massive, toujours muette. Cette singularité est la base du projet de Bure, qui, face à l'impossibilité d'intégrer avec douceur le volume dans le paysage de la Meuse, prend le parti de laisser le paysage rentrer dans le volume et la nature participer spontanément à la vie et à l'expérience du Centre d'Archives EDF.

ABSTRACTIONS

An archive building is a highly inert object, a compact and technical form of architecture, often massive, always silent. This singularity is the basis of the Bure project, which, faced with the impossibility of gently integrating the volume into the Meuse landscape, has decided to let the landscape enter the volume and nature to spontaneously participate in the life and experience of the EDF Archive Center.

CLIENT
EDF
BUDGET
10,1 M€ HT
SURFACE/AREA
6 800 M²
CALENDRIER/CALENDAR
2007-2011

COMPACITÉ – C'est son utilité qui distingue l'architecture des arts plastiques. L'architecture est habitée, vécue, et cette condition doit en fonder l'identité. Les programmes d'archives, parce qu'ils fabriquent une construction avec une fonction mais peu d'usage – une boîte opaque, surveillée par une dizaine de personnes à peine –, se situent à la lisière de cet énoncé. Dès lors, il faut explorer d'autres champs de réflexion pour en faire une architecture. Élargir le projet au-delà des limites de l'objet bâti pour l'inscrire dans un environnement physique étendu a été le préalable à la conception du centre d'archives d'EDF à Bure-Saudron (Meuse), pour que le projet transcende ses enjeux fonctionnels et fasse lieu.

Alors que le maître d'ouvrage prévoit de bâtir un édifice de plain-pied, investissant de fait une grande partie de la parcelle de 3,3 ha, il est apparu, face à l'ampleur des ressources à héberger – l'équivalent de 70 km linéaires de rayonnage –, plus judicieux de compacter la forme. Un bâtiment de cinq niveaux d'une superficie totale d'environ 7 000 m², mais de 1 400 m² au sol seulement, est mis en œuvre. Il héberge 20 magasins de 200 m² avec température et hygrométrie régulées. Si la logique fonctionnelle d'un tel choix géométrique est évidente – cela réduit sensiblement les distances parcourues par les archivistes –, il complique l'intégration du volume en découlant dans le paysage agricole qui l'accueille. Alors, à l'inverse, c'est au paysage d'y rentrer, à la nature de participer à la vie du centre d'archives. Le processus d'intégration s'effectue en remplaçant la planéité de l'enveloppe par un monde tridimensionnel où la lumière, l'ombre et la matière participent à la création d'une expérience unique. Au total, 120 000 pastilles d'inox poli miroir de 7 cm de diamètre et 1 mm d'épaisseur sont incrustées dans le bardage en béton préfabriqué couleur terre. Elles ont été disposées en fond de coffrage des panneaux de surfaçage avant coulage, afin de les aligner au nu extérieur des éléments de béton. Grâce à ce dispositif technique, la façade absorbe des éléments du paysage. Boisements, prairies, merlons, pièces d'eau, ciels, autant d'évocations du territoire de la Meuse, de dessins reconnaissables et familiers qui deviennent les motifs de l'enveloppe. Évoquant tour à tour une frondaison, une petite pluie ou une succession de nuages, la composition ne cesse d'évoluer au gré des tonalités des saisons et son effet scintillant adoucit la minéralité brute du bâtiment. C'est la géométrie simple et rationnelle de ce dernier, haut de 19 m, qui a permis d'imaginer un dispositif si sophistiqué, plus attractif que ceux, rudimentaires, qui habillent habituellement les entrepôts de stockage.

Cette solution technique est aussi efficace qu'esthétique. Elle assure la performance thermique et énergétique du projet grâce à l'addition de deux couches de béton (structure + parement) à l'isolation de 30 cm d'épaisseur. Enfin, la forme compacte de la construction permet de l'éloigner de la route. Le bâtiment se fait plus discret, et le vide libéré sur le terrain peut être planté et mobilisé pour le traitement des eaux de pluie. Ménageant le recul nécessaire pour apprécier le spectacle évolutif et poétique de sa façade, le centre d'archives n'est alors plus seulement destiné aux quelques gens qui y ont accès, mais à tous ceux qui le perçoivent. Et vu la géographie alentour, ces gens sont nombreux.

Détail de la façade
Detail of the facade

ARCHITECTE / ARCHITECT
LAN ARCHITECTURE
STRUCTURE / STRUCTURE
BATISERF
PAYSAGE / LANDSCAPE
BASE
FLUIDES / M.E.P.
LBE
HQE / HEQ
FRANCK BOUTTÉ
ÉCONOMIE / ECONOMY
BMF

COMPACTNESS – Utility is what distinguishes architecture from the visual arts. Architecture is inhabited, lived in, and this condition is essential to its identity. Programs for archives, which involve constructing a building that has a specific function but little usage – an opaque box overseen by not even ten people – lie at the outer limits of this concept. It is therefore necessary to explore other fields of investigation in order to create an architecture. Expanding the project past the limits of the built object to insert it into the vast surrounding landscape became the prerequisite for designing the EDF archive center in Bure-Saudron (Meuse). The goal was to get the project to transcend its functional requirements and create a sense of place. The client wanted to build a single-story building that would have occupied most of the 3,3 ha parcel. Given the huge amount of resources it would host (the equivalent of 70 km of shelves!), it instead became clear that it would be better to compress the form. The result is a five-story buildind 19 m tall with a total surface area of approximately 7 000 m², but which sits on only 1 400 m² of ground. It holds twenty, temperature- and humidity-regulated 200 m² warehouses. The functional logic of this decision is obvious, as it significantly reduced the distances covered by the archivists, but it also complicated the volume's integration into the landscape as a result. So the process has been reversed: it is the landscape that acts on the building; the surrounding nature participates in the archive center's life. This process of integration occurred by replacing the flatness of the envelope with a sense of three-dimensionality. Light, shadow, and material all help create a unique experience. 120 000 stainless steel discs 7 cm in diameter and 1 mm in thickness were encrusted in the earth-colored, prefab concrete siding. There were arranged at the bottom of the formwork for the surface panels before they were poured so that they would be flush with the concrete exterior. This facade thereby absorbs elements from the landscape. All the familiar elements of the Meuse's landscape, its forests, meadows, bunds, and skies,

become readily recognisable motifs within the envelope. Whether they evoke the foliage, a rain shower or passing clouds, the compositions formed by these steel discs evolve constantly with the changing of the hours, days, and seasons. Their scintillating effect softens the building's inherent sense of minerality. It was ultimately the building's simple, rational geometry that enabled such a sophisticated mechanism, one which is far more attractive than the rudimentary ones that usually cloak storage facilities.
This technical solution is as effective as it is aesthetic. With the addition of two concrete layers (structure and facing) with 30 cm of insulation, it ensures the project's thermic and energy performance. The compact form of the building also helps keep the road at a distance. This renders the building more discreet, and the open space that has been freed up can be planted and used to process rainwater. This distance also allows passers-by to appreciate the evolving spectacle of its facade better. As a result, the archive center is no longer just for the few people who have access to it, and it comes to belong to all those who can see it. Considering the surrounding geography, they are many.

Axonométrie du projet
Project axonometry

Patio

Circulation des bureaux autour du patio
Circulation of offices around the patio

PRIX EUROPÉEN D'ARCHITECTURE 2014 PHILIPPE ROTTHIER
Nominé au Prix 2014 Architecture et Paysage
Commended for the Landscape and Architecture Prize 2014

EUROPAISCHE ARCHITEKTUR PREIS 2012
Distinction pour la qualité de la conception architecturale et les performances énergétiques
Prize for design quality and architectural performance

PALMARÈS ARCHICONTEMPORAINE 2012
Lauréat de la catégorie « Équipements et Activités / Lieux de Travail & Activités »
Prizewinner « Working spaces »

INTERNATIONAL PRIZE FOR SUSTAINABLE ARCHITECTURE 2012 FASSA BORTOLO
Médaillé d'argent – projets construits
Silver Prize "Built projects"

LEAF AWARDS 2011
Catégorie développement durable
"Sustainable development"

SAIE SELECTION AWARDS 2011
2ᵉ Prix
2nd Prize

Terrasse couverte
Roofed terrace

Zone technique
Technical zone

INDEX RAISONNÉ

REASONED INDEX

INDEX RAISONNÉ / REASONED INDEX

Programme / Program

Projet urbain / Urban project

CHARLEROI	56
BORDEAUX AMÉDÉE	72
STRASBOURG SAINT-URBAIN	118
SACLAY	132
NANTES	196
LORMONT	262
PARIS XX	318

Réhabilitation / Rehabilitation

EXTENSION

PARIS XII	36
PARIS XI	108

RÉSIDENTIALISATION / RESIDENTIALISATION

LORMONT	262

RÉNOVATION ÉNERGÉTIQUE / ENERGY RENOVATION

PARIS VIII	172
LORMONT	262

RESTRUCTURATION / RESTRUCTURING

PARIS XII	36
PARIS XI	108
PARIS VIII	172
LORMONT	262
PARIS V	256

Logement / Housing

PRIVÉ / PRIVATE

CHARLEROI	56
BORDEAUX AMÉDÉE	72
PARIS XIII	90
STRASBOURG SAINT-URBAIN	118
NANTES	196
LORMONT	262
PARIS XVII	246
BÈGLES	276
HAMBOURG	286
PARIS XX	318

SOCIAL

CHARLEROI	56
BORDEAUX AMÉDÉE	72
PARIS XIII	90
STRASBOURG SAINT-URBAIN	118
NANTES	196
LORMONT	262
PARIS XVII	246
BÈGLES	276
PARIS XX	318

INTERMÉDIAIRE / INTERMEDIATE

PARIS XII	36
CHARLEROI	56
PARIS XIII	90
STRASBOURG SAINT-URBAIN	118
NANTES	196
PARIS XVII	246
BÈGLES	276
HAMBOURG	286
PARIS XX	318

RÉSIDENCES ÉTUDIANTES / STUDENT RESIDENCES

CHARLEROI	56
SACLAY	132
NANTES	196
PARIS XVIII	308

PARTICIPATIF / PARTICIPATORY

HAMBOURG	286

HÔTEL / HOTEL

STRASBOURG SAINT-URBAIN	118

Espaces de travail / Workspaces

BUREAUX / OFFICES

ROME	18
PARIS XII	36
BORDEAUX MAREYEURS	48
CHARLEROI	56
LJUBLJANA	64
PARIS XI	108
STRASBOURG SAINT-URBAIN	118
RENNES	144
PARIS VIII	172
NANTERRE	182
BEYROUTH	214
LILLE	234
BURE	328

SIÈGE SOCIAL / HEADQUARTER

PARIS XII	36
LJUBLJANA	64
PARIS XI	108
BEYROUTH	214

ESPACE INDUSTRIEL / INDUSTRIAL SPACE

BORDEAUX MAREYEURS	48

LABORATOIRES / LABORATORIES

ROME	18

Équipement / Equipment

THÉÂTRE / THEATER

STRASBOURG MAILLON	156

MUSÉE – ESPACE D'EXPOSITION / MUSEUM - EXHIBITION SPACE

ROME	18
PARIS VIII	172

CASERNE / BARRACK

RENNES	144

MAIRIE / TOWN HALL

SAINT-JACQUES-DE-LA-LANDE	222

PRISON

NANTERRE	182

ÉTABLISSEMENT SCOLAIRE / SCHOOL

LEIPZIG	28
NANTERRE LA DÉFENSE	98
NANTES	196

SERRE / GREENHOUSE

BORDEAUX MAREYEURS	48
PARIS V	256

ÉQUIPEMENT SPORTIF / SPORTS

PARIS XII	36
LEIPZIG	28
PARIS XIII	90
RENNES	144
CHELLES	298

COMMERCE

BORDEAUX MAREYEURS	48
CHARLEROI	56
BORDEAUX AMÉDÉE	72
PARIS XIII	90
STRASBOURG SAINT-URBAIN	118
NANTES	196
LILLE	234
BÈGLES	276
PARIS XX	318

PARKING

ROME	18
LEIPZIG	28
PARIS XII	36
BORDEAUX MAREYEURS	48
CHARLEROI	56
BORDEAUX AMÉDÉE	72
PARIS XIII	90
STRASBOURG SAINT-URBAIN	118
NANTES	196
BEYROUTH	214
LORMONT	262
BÈGLES	276

ARCHIVES

ROME	18
BURE	328

Espace public / Public space

JARDIN / GARDEN

ROME	18
PARIS XII	36
BORDEAUX MAREYEURS	48
CHARLEROI	56
BORDEAUX AMÉDÉE	72
SACLAY	132
PARIS VIII	172
NANTES	196
LORMONT	262
HAMBOURG	286
PARIS XVIII	308

JARDIN SUSPENDU / HANGING GARDEN

ROME	18
LEIPZIG	28
PARIS XII	36
BORDEAUX MAREYEURS	48
PARIS XIII	90
BEYROUTH	214

PLAYGROUND

LEIPZIG	28
LORMONT	262

PLACE / SQUARE

ROME	18
CHARLEROI	56
BORDEAUX AMÉDÉE	72
STRASBOURG SAINT-URBAIN	118
SACLAY	132
STRASBOURG MAILLON	156
PARIS VIII	172
NANTES	196
SAINT-JACQUES-DE-LA-LANDE	222
LORMONT	262
CHELLES	298
PARIS XVIII	308
PARIS XX	318

RUE – ALLÉE – PASSAGE / STREET

STRASBOURG SAINT-URBAIN	118
NANTES	196

INDEX RAISONNÉ / REASONED INDEX

Morphologie – Typologie / Morphology – Typology

TOUR <50 M / TOWER <50 M

CHARLEROI	56
LJUBLJANA	64
STRASBOURG SAINT-URBAIN	118
RENNES	144
NANTES	196
LILLE	234

TOUR >50 M / TOWER >50 M

PARIS XII	36
CHARLEROI	56
PARIS XIII	90
NANTES	196
BEYROUTH	214
LORMONT	262

BÂTIMENT À COUR / COURTYARD BUILDING

LEIPZIG	28
STRASBOURG MAILLON	156
NANTERRE	182
NANTES	196
BÈGLES	276
PARIS XVIII	308

BÂTIMENT DE FORME CIRCULAIRE / CIRCULAR-SHAPED BUILDING

SACLAY	132

BÂTIMENT EN U / U-SHAPED BUILDING

HAMBOURG	286

BÂTIMENT HORIZONTAL / HORIZONTAL BUILDING

ROME	18
LEIPZIG	28
RENNES	144
CHELLES	298

ENSEMBLE

CHARLEROI	56
BORDEAUX AMÉDÉE	72
STRASBOURG SAINT-URBAIN	118
SACLAY	132
NANTES	196
LORMONT	262
PARIS XX	318

PLOT / BLOCK

BORDEAUX MAREYEURS	48
NANTERRE LA DÉFENSE	98
STRASBOURG MAILLON	156
PARIS VIII	172
SAINT-JACQUES-DE-LA-LANDE	222
PARIS XVII	246
BÈGLES	276
BURE	328

BÂTIMENT STRATIFIÉ / LAYERED BUILDING

ROME	18
LEIPZIG	28
LJUBLJANA	64
PARIS XI	108
PARIS XVII	246

SIGNAL URBAIN / LANDMARK

PARIS XII	36
BORDEAUX MAREYEURS	48
CHARLEROI	56
LJUBLJANA	64
STRASBOURG SAINT-URBAIN	118
RENNES	144
PARIS VIII	172
NANTES	196
BEYROUTH	214
LILLE	234
PARIS V	256

INDEX RAISONNÉ / REASONED INDEX

Taille / Size

INDEX RAISONNÉ / REASONED INDEX

Calendrier / Calendar

≤ 5.000 M²

PARIS XI	108
NANTERRE	182
SAINT-JACQUES-DE-LA-LANDE	222
LILLE	234
PARIS XVII	246
PARIS V	256
HAMBOURG	286
CHELLES	298
PARIS XVIII	308
PARIS XX	318

6.000 M²

NANTERRE LA DÉFENSE	98
BÈGLES	276

7.000 M²

STRASBOURG MAILLON	156
BURE	328

8.000 M²

RENNES	144

9.000 M²

ROME	18
LEIPZIG	28
PARIS XIII	90

14.000 M²

BORDEAUX MAREYEURS	48

16.000 M²

BEYROUTH	214

18.000 M²

LJUBLJANA	64

22.000 M²

STRASBOURG SAINT-URBAIN	118

25.000 M²

PARIS XII	36
CHARLEROI	56
SACLAY	132

33.000 M²

BORDEAUX AMÉDÉE (ARCHITECTURE)	72
NANTES	196

≥ 50.000 M²

BORDEAUX AMÉDÉE (MASTERPLAN)	72
PARIS VIII	172
LORMONT	262

2027

CHARLEROI	56

2026

ROME	18
LEIPZIG	28
PARIS XII	36
BORDEAUX MAREYEURS	48

2024

BORDEAUX AMÉDÉE	72

2023

PARIS XIII	90

2021

NANTERRE LA DÉFENSE	98
STRASBOURG SAINT-URBAIN	118
RENNES	144

2019

LJUBLJANA	64
STRASBOURG MAILLON	156
NANTERRE	182
PARIS XI	108

2018

NANTES	196

2017

SACLAY	132

2016

SAINT-JACQUES-DE-LA-LANDE	222

2015

LORMONT	262
BÈGLES	276
LILLE	234
HAMBOURG	286
PARIS XVIII	308

2014

PARIS VIII	172
PARIS XVII	246
PARIS XX	318

2012

BEYROUTH	214
CHELLES	298

2011

PARIS V	256
BURE	328

INDEX RAISONNÉ / REASONED INDEX

Technique

Structure

STRUCTURE ACIER / STEEL STRUCTURE

BORDEAUX AMÉDÉE	72

STRUCTURE BÉTON / CONCRETE STRUCTURE

ROME	18
PARIS XII	36
BORDEAUX MAREYEURS	48
CHARLEROI	56
LJUBLJANA	64
BORDEAUX AMÉDÉE	72
PARIS XIII	90
NANTERRE LA DÉFENSE	98
PARIS XI	108
STRASBOURG SAINT-URBAIN	118
SACLAY	132
RENNES	144
STRASBOURG MAILLON	156
NANTERRE	182
NANTES	196
BEYROUTH	214
SAINT-JACQUES-DE-LA-LANDE	222
LILLE	234
LORMONT	262
PARIS XVII	246
BÈGLES	276
HAMBOURG	286
PARIS XVIII	308
BURE	328
PARIS XX	318

STRUCTURE BOIS / WOODEN STRUCTURE

LEIPZIG	28
PARIS XII	36
PARIS XIII	90

STRUCTURE MIXTE / MIXED STRUCTURE

LEIPZIG	28
PARIS XII	36
PARIS VIII	172
CHELLES	298

PRÉFABRICATION / PREFABRICATION

ROME	18
BORDEAUX AMÉDÉE	72
RENNES	144
STRASBOURG MAILLON	156

Matériaux / Materials

ACIER / STEEL

BORDEAUX MAREYEURS	48
SAINT-JACQUES-DE-LA-LANDE	222
BÈGLES	276
BURE	328

ACIER CORTEN / CORTEN STEEL

NANTERRE	182

ALUMINIUM / ALUMINUM

PARIS XII	36
BORDEAUX MAREYEURS	48
LJUBLJANA	64
NANTES	196
SAINT-JACQUES-DE-LA-LANDE	222
PARIS XX	318

BÉTON LASURÉ / STAINED CONCRETE

BORDEAUX AMÉDÉE	72
STRASBOURG SAINT-URBAIN	118
SACLAY	132
NANTES	196
PARIS XX	318

BÉTON PHOTOGRAVÉ / PHOTO-ETCHED CONCRETE

SACLAY	132

BÉTON POLI / POLISHED CONCRETE

PARIS XVII	246

BÉTON TEINTÉ MASSE / MASS TINTED CONCRETE

BORDEAUX AMÉDÉE	72
PARIS XIII	90
RENNES	144
STRASBOURG MAILLON	156
NANTES	196
BURE	328

BLOC BÉTON / CONCRETE BLOCK

CHARLEROI	56

BOIS / WOOD

LEIPZIG	28
PARIS XII	36
BORDEAUX AMÉDÉE	72
LJUBLJANA	64
PARIS XI	108
SAINT-JACQUES-DE-LA-LANDE	222
PARIS V	256
HAMBOURG	286
PARIS XVIII	308
PARIS XX	318

BRIQUE / BRICK

ROME	18
NANTERRE LA DÉFENSE	98
PARIS XVIII	308

CUIVRE / COPPER

LJUBLJANA	64
LILLE	234
CHELLES	298

PIERRE / STONE

BORDEAUX AMÉDÉE	72
PARIS VIII	172
BEYROUTH	214

POLYCARBONATE

LORMONT	262

VERRE / GLASS

ROME	18
LEIPZIG	28
PARIS XII	36
BORDEAUX MAREYEURS	48
LJUBLJANA	64
PARIS XIII	90
NANTERRE LA DÉFENSE	98
PARIS VIII	172
BEYROUTH	214
SAINT-JACQUES-DE-LA-LANDE	222
PARIS XVII	246
LILLE	234
CHELLES	298

ZINC

PARIS VIII	172

Ventilation

VENTILATION NATURELLE / NATURAL VENTILATION

LEIPZIG	28
PARIS XII	36
CHARLEROI	56
PARIS XIII	90
NANTERRE LA DÉFENSE	98
PARIS XI	108
RENNES	144
STRASBOURG MAILLON	156
BEYROUTH	214
LILLE	234
BÈGLES	276

VENTILATION MÉCANIQUE / MECHANICAL VENTILATION

PARIS XII	36
BORDEAUX MAREYEURS	48
CHARLEROI	56
PARIS XIII	90
PARIS XI	108
RENNES	144
STRASBOURG MAILLON	156
LILLE	234

VENTILATION SIMPLE FLUX / SINGLE FLOW VENTILATION

BORDEAUX AMÉDÉE	72
STRASBOURG SAINT-URBAIN	118
SACLAY	132
LORMONT	262
BÈGLES	276

VENTILATION DOUBLE FLUX / DOUBLE FLOW VENTILATION

ROME	18
STRASBOURG SAINT-URBAIN	118
RENNES	144
STRASBOURG MAILLON	156
PARIS XX	318

PANNEAUX RÉVERSIBLES / REVERSIBLE VENTILATION PANELS

PARIS XII	36
CHARLEROI	56

GÉOTHERMIE / GEOTHERMAL ENERGY

PARIS XII	36

RACCORDEMENT AU RÉSEAU URBAIN / CONNECTION TO THE URBAN NETWORK

LEIPZIG	28
PARIS XII	36
CHARLEROI	56
STRASBOURG SAINT-URBAIN	118
STRASBOURG MAILLON	156
SACLAY	132
PARIS XX	318

POMPE À CHALEUR / HEAT PUMP

PARIS XII	36

Occultation

BRISE-SOLEIL

PARIS XX	318

RIDEAUX / CURTAINS

ROME	18
LEIPZIG	28
CHARLEROI	56
PARIS XIII	90
PARIS XI	108
STRASBOURG SAINT-URBAIN	118
SACLAY	132
HAMBOURG	286

STORES / BLINDS

PARIS XII	36
LJUBLJANA	64
BORDEAUX AMÉDÉE	72
STRASBOURG SAINT-URBAIN	118
RENNES	144
STRASBOURG MAILLON	156
PARIS VIII	172
NANTES	196
PARIS XVII	246
HAMBOURG	286

STORES BANNE / AWNINGS

LEIPZIG	28

VOLETS COULISSANTS / SLIDING SHUTTERS

NANTERRE	182
NANTES	196
BÈGLES	276
PARIS XX	318

INDEX RAISONNÉ / REASONED INDEX
Labels

ROME   18
    LEED GOLD, NZEB

PARIS XII   36
    BREEAM REFURBISHMENT & FIT-OUT 2015 NIVEAU EXCELLENT, WIREDSCORE V3 NIVEAU GOLD, BBC EFFINERGIE RÉNOVATION 2021; POUR LE PAVILLON: BBCA NEUF NIVEAU STANDARD; BBC EFFINERGIE 2017

BORDEAUX MAREYEURS   48
    BREEAM, RE2020

CHARLEROI   56
    Q-ZEN

BORDEAUX AMÉDÉE   72
    NF HABITAT HQE

PARIS XIII   90
    NF HABITAT HQE EXCELLENT, BBCA, BIODIVERCITY, EFFINERGIE

NANTERRE LA DÉFENSE   98
    NF HQE RÉFÉRENTIEL 2015

STRASBOURG SAINT-URBAIN   118
    NF HABITAT HQE

SACLAY   132
    H&E, EFFINERGIE+, RT2012

RENNES   144
    CONSO ENERGIE PRIMAIRE : 91.7 KWH/M²

STRASBOURG MAILLON   156
    CHANTIER VERT, RT2012

NANTES   196
    NF HABITAT, RT 2012

LILLE   234
    BBC EFFINERGIE

BÈGLES   276
    BBC EFFINERGIE

HAMBOURG   286
    PASSIVHAUS

CHELLES   298
    THPE

PARIS XVIII   308
    THPE, HE

PARIS XX   318
    RT 2012

BURE   328
    ZÉRO ÉNERGIE

Crédits / Credits

PHOTOGRAPHES / PHOTOGRAPHERS

IWAN BAAN
(PAG. 328, 334-335, 338-339, 340)

RÉMI BLONDEAU
(PAG. 108)

CHARLY BROYEZ
(PAG. 75)
(PAG. 85, 86, 88)
(PAG. 90, 94, 96-97)
(PAG. 98, 102, 103, 104, 105, 106, 107)
(PAG. 118, 122-123, 124-125, 126, 128-129, 130, 131)
(PAG. 134, 136, 137, 139)
(PAG. 154, 155)
(PAG. 160-161, 163, 164, 165, 166, 167, 168, 170-171)
(PAG. 192)
(PAG. 201, 202, 203, 206, 207, 208, 209, 210, 212, 213)
(PAG. 278, 280, 281, 282, 283, 284)

STÉPHANE CHALMEAU
(PAG. 204)

GUILLAUME CHAUVIN
(PAG. 162)

MAXIME DELVAUX
(PAG. 74, 76-81)
(PAG. 87, 89)

CLAIRE DORN
(PAG. 354)

FABRICE FOUILLET
(PAG. 138, 141, 142, 143)
(PAG. 196, 211)
(PAG. 256)

ANDREA JEMOLO
(PAG. 20, 21, 22-23)

JULIEN LANOO
(PAG. 140)
(PAG. 222, 226, 227, 228-229, 230-231, 232-233)
(PAG. 234, 238-239, 240, 241, 242, 243, 244-245)
(PAG. 251)
(PAG. 258, 260, 261)
(PAG. 266-267, 268, 269, 270-271, 272, 273, 274, 275)
(PAG. 290-291, 292, 293, 295, 296, 297)
(PAG. 301, 302-303, 304, 305, 306-307)
(PAG. 308, 312-313, 314, 315, 316-317)
(PAG. 322-323, 324, 325, 326, 327)
(PAG. 332, 333, 336, 337, 341)

PINO MUSI
(PAG. 246)

SCHNEPP RENOU
(PAG. 144, 148-149, 150, 151, 152, 153)

CYRILLE WEINER
(PAG. 112-113, 114, 115, 116, 117)
(PAG. 182, 186-187, 188-189, 190-191, 193, 194, 195)
(PAG. 200)
(PAG. 250, 252-253, 254, 255)
(PAG. 352)

LORENZO ZANDRI
(PAG. 127)

OUVRAGE / PUBLICATION

COORDINATION ET SUIVI ÉDITORIAL / COORDINATION AND EDITORIAL SUPERVISION
BIANCA BALZINI

DESSINS / DRAWINGS
ANNAVIOLA GAMBARDELLA
ANAËLLE BUDERUS

TEXTES
UMBERTO NAPOLITANO

TRADUCTION / TRANSLATION
GAMMON SHARPLEY

IMAGES 3D / 3D IMAGES
PAOLO CERESATTO
SACHA UZBELGER
FRANCESCO PARCHITELLI

DESIGN GRAPHIQUE / GRAPHIC DESIGN
UNDO-REDO
(NICOLA AGUZZI, TOMMASO PUCCI)

IMPRESSION ET RELIURE / PRINTING AND BINDING
OGM, PADOVA

L'AGENCE
LAN

Bureaux, 47 rue Popincourt 75011, Paris
Office, 47 rue Popincourt 75011, Paris

352

LAN (Local Architecture Network) a été créé par Benoit Jallon et Umberto Napolitano en 2002, avec l'idée d'explorer l'architecture en tant que matière au croisement de plusieurs disciplines. Cette attitude, aujourd'hui devenue méthodologie, permet à l'agence de parcourir de nouveaux territoires à la recherche d'une vision impliquant à la fois les questions sociales, urbaines, écologiques, et fonctionnelles. Les projets concrétisent cet esprit d'ouverture et couvrent aujourd'hui un spectre très large d'échelles et de programmes : le théâtre du Maillon (Equerre d'argent 2020), la tour Euravenir (nominée au Mies van der Rohe Award 2015 et Prix Le Soufaché de l'Académie d'Architecture), les logements expérimentaux de Bègles (Biennale de Venise 2016), la résidence étudiante de la Rue Pajol (premier prix national BigMat), les archives départementales EDF (Leaf Awards 2011), les Neue Hamburger Terrassen (International Architecture Awards en 2014) sont quelques-unes des opérations iconiques que l'agence a produites ces deux dernières décennies. LAN travaille actuellement en Europe (France, Belgique, Allemagne, Italie et Slovénie) et s'ouvre à l'international à travers les expériences au Moyen Orient et en Asie. En plus de la conception architecturale et urbaine, l'agence s'engage activement dans le débat disciplinaire et développe une production théorique importante, sous forme d'expositions (Biennale de Venise en 2016, Haussmann – Modèle de ville au Pavillon de l'Arsenal en 2017), de publications (Traces en 2012, Napoli Super Modern en 2020), de conférences et depuis 2019 à travers le RAAR, son propre laboratoire de recherche et innovation.

LAN (Local Architecture Network) was created by Benoit Jallon and Umberto Napolitano in 2002, with the idea of exploring architecture as an area of activity at the intersection of several disciplines. This attitude, which has now become a methodology, allows the agency to explore new territories in search of a vision integrating solutions for social, urban, ecological and functional issues. The firm's projects reflect this spirit of openness and cover a wide range of scales and programs: the Maillon theater (2020 Equerre d'argent), the Euravenir tower (nominated for the 2015 Mies van der Rohe Award and Prix Soufaché of the Academy of Architecture), the experimental housing in Bègles (2016 Venice Biennale), the student residence on Rue Pajol in Paris (first national BigMat prize), the EDF Archive Center (2011 Leaf Awards), the Neue Hamburger Terrassen (International Architecture Awards in 2014) are some of the iconic operations that the office has produced over the last two decades. LAN is currently working on projects in Europe (France, Belgium, Germany, Italy and Slovenia) and is expanding internationally through projects in the Middle East and Asia. In addition to architectural and urban design, the office is actively involved in disciplinary debate and is developing significant theoretical concepts through exhibitions (Venice Biennale in 2016, Haussmann – A model's relevance at the Pavillon de l'Arsenal in 2017), publications (Traces in 2012, Napoli Super Modern in 2020), conferences and since 2019 through the RAAR, its own research and innovation laboratory.

LAN (LOCAL ARCHITECTURE NETWORK)
Benoit Jallon
Umberto Napolitano

BENOIT JALLON
ARCHITECTE DPLG
FONDATEUR ET DIRECTEUR DE LAN
  (LOCAL ARCHITECTURE NETWORK)
  – DEPUIS 2002
CHEVALIER DE L'ORDRE DES ARTS
  ET DES LETTRES – DEPUIS 2018

UMBERTO NAPOLITANO
ARCHITECTE DPLG
FONDATEUR ET DIRECTEUR DE LAN
  (LOCAL ARCHITECTURE NETWORK)
  – DEPUIS 2002
PROFESSEUR INVITÉ À L'UNIVERSITÉ
  DE COLUMBIA GSAPP,
  NEW-YORK, USA – DEPUIS 2016
PROFESSEUR À L'AA ARCHITECTURE ASSOCIATION
  SCHOOL OF ARCHITECTURE, LONDRES, UK –
  DEPUIS 2018
MEMBRE DE L'ACADÉMIE
  D'ARCHITECTURE – DEPUIS 2016
CHEVALIER DE L'ORDRE DES ARTS
  ET DES LETTRES – DEPUIS 2018

Benoit Jallon (Grenoble, 1972) est diplômé de l'École d'Architecture de Paris-La Villette en 2001 avec les félicitations du jury. Il enrichit son cursus de nombreux voyages à l'étranger et fonde LAN avec Umberto Napolitano en août 2002, dans le désir partagé de tisser des liens étroits avec d'autres dynamiques, notamment artistiques et urbanistiques, sortant du champ propre de l'architecture. Cette attitude a permis à LAN de se confronter à tous types de typologies, d'affronter de nouveaux défis et combats, de donner corps à de nouvelle ambitions. Chez lui, la passion pour le métier d'architecte se double d'un engagement personnel fort dans le travail collectif et dans la dimension humaine du processus de création architecturale. Benoit Jallon est Chevalier de l'ordre des Arts et des Lettres depuis 2018.

Umberto Napolitano (Naples, 1975) a étudié l'architecture à l'université Federico II de Naples et à l'École Nationale Supérieure d'Architecture de Paris-La Villette. Fondateur en 2002 de l'agence d'architecture LAN (Local Architecture Network) avec Benoit Jallon, il mène parallèlement à sa pratique un travail de recherche théorique, conçoit des expositions et donne de nombreuses conférences à travers le monde.
Umberto Napolitano a été professeur à la Columbia University GSAPP de New York (USA) et à l'AA (Architecture Association) School of Architecture à Londres (UK) et enseigne actuellement à la TU de Vienne. Il est membre de l'Académie Française d'architecture depuis 2016 et Chevalier de l'ordre des Arts et des Lettres depuis 2018.

BENOIT JALLON
ARCHITECT DPLG
FOUNDER AND PARTNER OF LAN
  (LOCAL ARCHITECTURE NETWORK)
  – SINCE 2002
CHEVALIER DE L'ORDRE DES ARTS
  ET DES LETTRES – SINCE 2018

UMBERTO NAPOLITANO
ARCHITECT DPLG
FOUNDER AND PARTNER OF LAN
  (LOCAL ARCHITECTURE NETWORK)
  – SINCE 2002
PROFESSOR AT COLUMBIA UNIVERSITY GSAPP,
  NEW-YORK, USA – SINCE 2016
PROFESSOR AT THE AA SCHOOL OF
  ARCHITECTURE, LONDON, UK
  – SINCE 2018
MEMBER OF FRENCH ACADEMY
  OF ARCHITECTURE – SINCE 2016
CHEVALIER DE L'ORDRE DES ARTS
  ET DES LETTRES – SINCE 2018

Benoit Jallon (Grenoble, 1972) studied architecture at the École d'Architecture de Paris-La Villette in 2001 with honors.
He embarked on a number of trips abroad to enrich his career path and founded LAN with Umberto Napolitano, sharing the desire to build close ties with other disciplines in the arts and urban development that lie outside the traditional sphere of architecture. This attitude has enabled LAN to embrace a wide range of typologies, face new problems and challenges, and realize new ambitions each time they build. Benoit's passion for his profession as an architect is also characterized by his commitment to working together, to the human element that embodies and sustains the process of architectural creation. He was appointed Chevalier de l'Ordre des Arts et des Lettres in 2018.

Umberto Napolitano (Naples, 1975) studied architecture at the Università Federico II in Naples and then at the École Nationale Supérieure d'Architecture de Paris-La Villette. Founder of LAN (Local Architecture Network) with Benoit Jallon in 2002, he also conducts a theoretical work through research projects, exhibitions and conferences all around the world.
Umberto was professor at the Columbia University GSAPP of New York (USA) and at the AA (Architecture Association) School of Architecture in London (UK), and currently teaches at the TU in Vienna. He is a member of the French Academy of Architecture since 2016 and was appointed Chevalier de l'Ordre des Arts et des Lettres in 2018.

Tous droits de reproduction et de représentation réservés. Toutes les informations reproduites dans ce livre (dessins, photos, textes) sont protégées par des droits de propriété intellectuelle. Par conséquent, aucune de ces informations ne peut être reproduite, modifiée, rediffusée, traduite, exploitée commercialement ou réutilisée de quelque manière que ce soit sans un accord préalable.

All rights of reproduction and representation are reserved. All information reproduced in this book (drawings, photographs and texts) is protected by intellectual property rights. Consequently, none of this information can be reproduced, modified, reprinted, translated, commercially exploited or reused in any manner whatsoever without prior permission.

© 2024 LAN, Paris, et / and Park Books AG, Zurich

Park Books
Niederdorfstrasse 54
8001 Zurich
Switzerland
www.park-books.com

La maison d'édition Park Books bénéficie d'un soutien structurel de l'Office fédéral de la culture pour les années 2021-2025.

Park Books is being supported by the Federal Office of Culture with a general subsidy for the years 2021-2025.

ISBN 978-3-03860-284-2

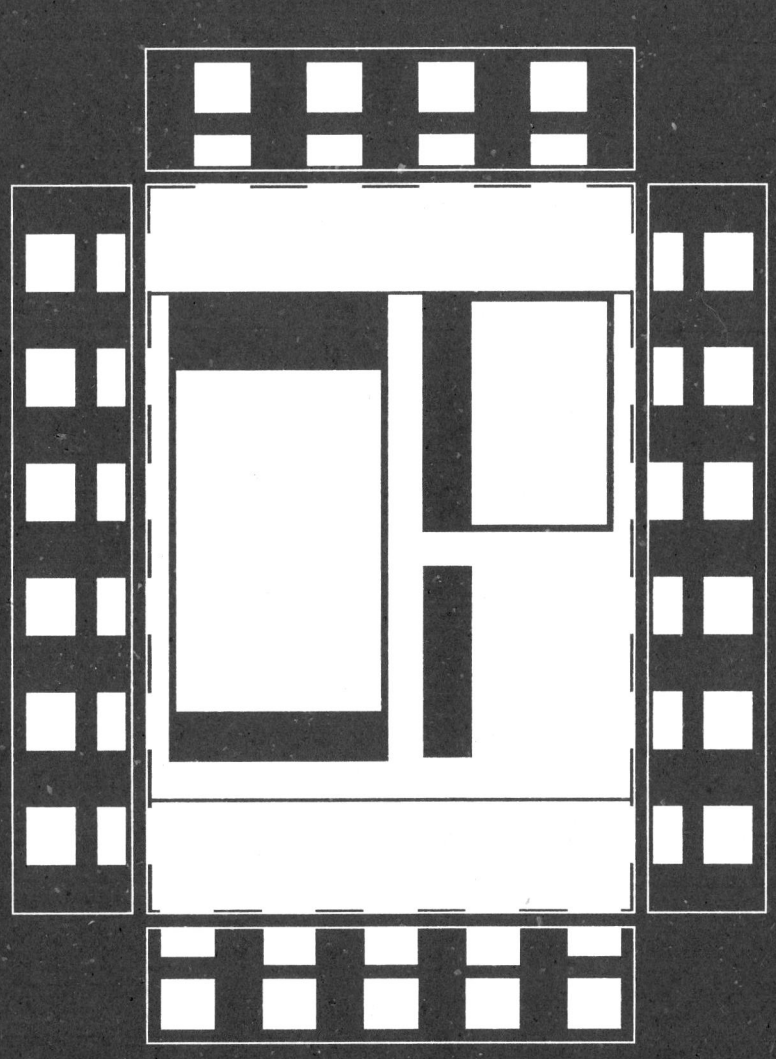

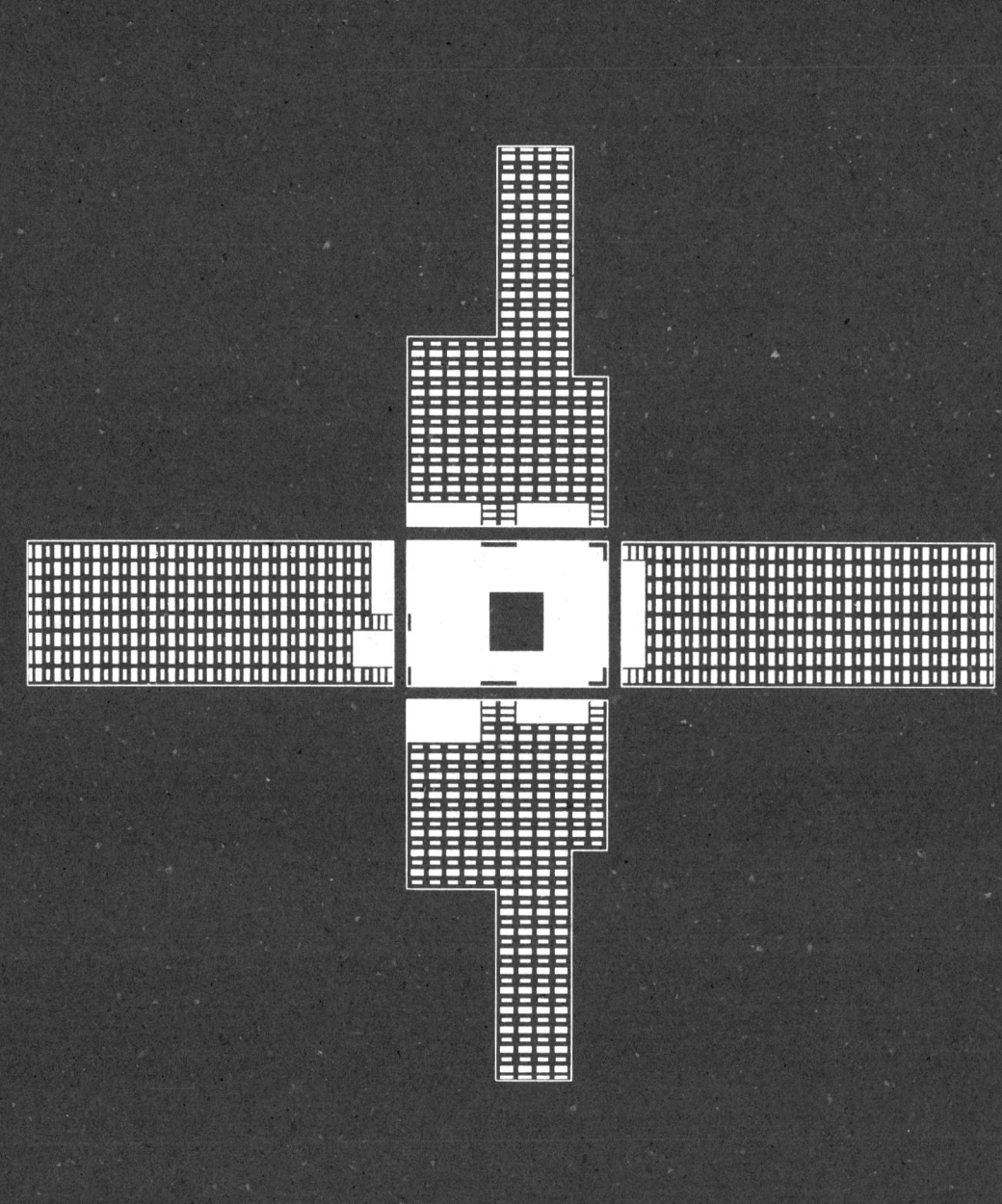